首都经济贸易大学出版基金资助

规制变革
——中国媒介融合发展的路径选择研究

GUIZHI BIANGE
ZHONGGUO MEIJIE RONGHE FAZHAN DE
LUJING XUANZE YANJIU

徐轶瑛 ◎ 著

首都经济贸易大学出版社
Capital University of Economics and Business Press
·北 京·

前　言

20世纪90年代以来，随着数字技术、通信技术和计算机技术的迅猛发展，媒介融合应运而生，不仅改变了媒介自身的内部产业结构和外部市场环境，而且成为传媒产业新的经济增长点。如今，一个不争的事实是：作为媒介发展的新途径，媒介融合受到世界各国的普遍认同和热烈追捧。

自1996年中国组建第一家报业集团——《广州日报》报业集团以来，媒介融合在中国语境下的发展已经经历了十多年。从媒介融合在中国的实践图景来看，中国媒介融合主要经历了“媒介集团化的初始阶段”、“传媒整合化的展开阶段”以及“三网融合化的推进阶段”三个阶段，其表现形式主要包括传统媒体之间的融合以及传统媒体与新媒体之间的融合。

然而，中国语境下的媒介融合的发展也障碍重重。在种种限制性社会因素中，不能满足媒介融合发展要求的传统媒介规制无疑是最主要的阻力之一。第一，片面的政府全能观念、单一的媒介喉舌论以及缺失的个人产权意识，成为制约媒介融合在中国不能取得长足发展的理念根源。第二，“既事业又产业”的双重规制、“条块分割”的多头管理和“权力专属”的行政垄断这三大问题是媒介融合发展过程中的体制桎梏。第三，在机制方面，规制立法机制不科学，难以保证媒介规制的权威和完善；规制执行机制不规范，难以保证规制的效率和稳定；规制监测机制不健全，难以保证规制的公平与公正。不言而喻，渴求新的媒介政府规制成为当务之急。

对媒介融合的规制变革，新闻传播学界的探讨因为缺乏严谨而规范的理论分析而显得相对薄弱。基于此，本书运用新制度经济学和规制经济学的相关理论，在意识形态、技术创新、制度环境三个方面分别进行媒介融合规制变革的理论分析。此外，通过借鉴融合时代传统传媒规制变革的国际经验，从“放松规制与强化规制结合”“从分立规制向融合规制转变”中，总结得出对中国媒介融合规制变革具有借鉴意义的启示，即“在融合规制的基础上，放松市场结构规制、强化市场行为规制，放松经济性规制、强化社会性规制，放松竞争规制、强化垄断规制”。

最后，通过“融合性规制框架”和“融合性规制体制”的构建，本书提出了中国媒介融合规制变革的对策思路。在构建融合性规制框架方面，首先提出了建立规制框架时必须遵循的“制衡原则”“合分原则”“中立原则”，其次，从“规制内容”和“规制模式”两个方面创建了融合规制框架的具体结构。在建立融合性规制体制方面，提出了“法律体系”和“独立机构”的设立原则、设置方式及其权责范围。

目　　录

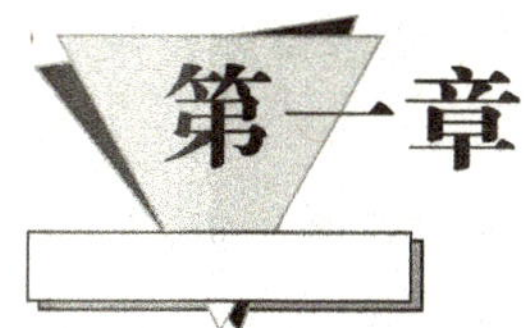

绪论

“任何媒介（即人的任何延伸）对个人和社会的任何影响，都是由于新的尺度产生的；我们的任何一种延伸（或曰任何一种新的技术），都要在我们的事务中引进一种新的尺度。”

——［加］马歇尔·麦克卢汉（Marshall McLuhan），《理解媒介——论人的延伸》

第一节　媒介融合规制问题的提出

作为传媒产业的具体制度安排，媒介规制长期以来一直是新闻传播领域的核心问题之一，它总是随着传媒产业的发展而变迁的。纵观西方主要国家媒介规制的历史演变过程，无论是早期基于保障公共利益考虑的公共传播政策和抑制垄断的严格规制政策，还是20世纪80年代以后为鼓励市场竞争、提高市场效率而推行的放松规制，都是在政府、媒体和市场的冲突与平衡中逐步形成的。可以说，当传媒市场不能自行达到完全竞争状态时，为了弥补规制失灵带来的种种弊端，各国政府便会调整规制策略，提高规制的时效性和均衡性，以解决公共利益和市场利益、限制垄断和激励竞争、社会效益和市场效率之间出现的新问题。

一、选题背景

20世纪90年代以来，随着数字技术、通信技术和计算机技术的迅猛发展，媒介融合应运而生，它不仅改变了媒介自身的内部产业结构和外部市场环境，而且成为传媒产业新的经济增长点。如今，一个不争的事实是：作为媒介发展的新途径，媒介融合受到世界各国的普遍认同和热烈追捧，但是它在现实推

进过程中却是障碍重重。在种种限制因素中，不能适应媒介融合发展要求的传统媒介规制无疑是最主要的阻力之一。例如，体制规制给产业带来的种种壁垒，政策规制相对于市场的滞后以及规制框架的探索和转换，等等。渴求新的媒介政府规制成为当务之急。

（一）媒介融合与媒介规制间的新问题

首先，报纸、广播、电视等传统媒体与各种新媒体在传播手段和传播技术方面日益渗透和融合，打破了媒介的介质壁垒，形成了全新的媒介形态和传播格局，动摇了既有的传媒规制的根基，对传统的媒介规制构成了巨大的冲击。一方面，日新月异的信息技术和数字技术促使“同一内容多介质的实现”成为可能，使不同媒介形态的界限越来越模糊，且改变了原有的印刷、音频、视频、互动数字媒体之间因媒介形态不同而分化分立的局面，最终形成了全新的传播格局。另一方面，建立在分众媒介基础上的传统媒介规制是对应于原有传播格局的，明显滞后于媒介融合带来的全新传播格局。主要表现为，不仅现有的新闻传播管理机构及其工作出现了越来越多的新问题，而且媒介融合背景下新闻传播活动的管理举措及其实际效果也备受争议，有待进一步反思和考察。

其次，这场遍及全球的媒介融合热潮拓展了传媒产业的边界，促使传媒产业发生了结构性的变化，造成现有的传媒规制面临严重供应不足的困境，对传统的媒介规制提出了与时俱进、推陈出新的要求。一方面，数字技术、移动技术和网络技术支持的媒介融合使印刷出版、广播电视、电信、互联网等产业的边界日益模糊，促使这些产业在内容、渠道和终端三大环节上

横向融通整合，形成了一场影响深远的产业融合革命。另一方面，在产业融合过程中逐渐涌现出大量的新业务，其中有些新业务是传统规制政策没有覆盖的，因而也不可能纳入既有的政府管理之内，这势必导致规制的盲区，凸显了现有的媒介规制面对媒介融合的政策空缺问题。

（二）世界各国媒介融合规制变革的新动作——规制的放松和强化

自20世纪末以来，随着传媒产业数字化及媒介融合的发展，传媒产业与电信产业间的融合势不可挡。面对媒介融合的新形势，为适应因传播与通信领域技术变化带来的新的要求，从传媒发展和产业融合的实际需求出发，各国政府开始纷纷制定、出台或修改广播及电信法规和政策，变革新闻传播管理规制，通过立法规制、司法规制、行政规制、独立规制等手段，普遍调整规制理念、规制方式、规制模式及规制机构等的内容。

美国是媒介融合规制变革最早的国家之一。早在1996年美国便通过了《1996年电信法案》（*Telecommunications Act of* 1996），放松传媒产业市场结构规制，取消电信与传媒之间跨业经营的限制性措施，允许电信与有线电视之间相互持股，开启了媒介融合规制变革的新时代。但是，《1996年电信法案》并没有放松传统媒体之间的所有权规制。[①] 目前，美国政府虽然继续积极地推进媒介所有权的规制改革，但是放松尺度和放松进度仍十分谨慎。

1997年，为了实现不同的网络平台都能一同传送电话信息、

---

① 蔡雯、黄金：“规制变革：媒介融合发展的必要前提——对世界多国媒介管理现状的比较与思考”，《国际新闻界》，2007年03月，第60页。

电视信息以及计算机信息和数据，欧盟发布了《迈向信息社会之路》。[①] 2002 年，欧洲理事会以电子通信和服务的管制框架形式，批准了由欧盟执委会资讯署提出的、早在 2000 年就被欧洲委员会采纳的融合立法提案。依据 2002 年的欧盟管制框架指令，英国于 2003 年 7 月出台了《2003 年通信法》(*Communications Act* 2003)，在整合先前的电信管制局、独立电视委员会、广播管制局、BSC 广播标准委员会和无线通信管制局 5 家管制机构的基础上，设立了英国通信办公室（OFCOM），并在跨媒介所有权限制方面放宽了对商业媒体的管制，但是同美国一样，英国的放宽政策只是针对全国市场而言，对地方市场内的管制仍然十分严格。[②]

相对而言，一些市场较狭小的国家规制改革的推行更容易些。1999 年，马来西亚颁布了《通信与多媒体法案》，将电信与广播电视的原 31 项许可管理业务缩减为网络设施业务、网络服务、应用服务和内容服务四大类业务。[③] 2003 年伊始，新加坡政府把原来的广播管理局、电影和出版局以及电影委员会合并起来，成立了统一的管理机构——传媒发展局（MDA），从而更好地协调媒介融合带来的不同媒体之间的发展和管理。[④] 2004 年 4 月，韩国国会通过了新修订的《广播法》，允许进行卫星数

---

① 朱春阳：“媒介融合规制研究的反思：中国面向与核心议题”，《国际新闻界》，2009 年 06 月，第 24 页。

② 蔡雯、黄金：“规制变革：媒介融合发展的必要前提——对世界多国媒介管理现状的比较与思考”，《国际新闻界》，2007 年 03 月，第 62 页。

③ 肖赞军，“媒介融合时代传媒规制的国际趋势及其启示”，《新闻与传播研究》，2009 年 05 月，第 16 卷第 5 期，第 58 页。

④ 新加坡传媒发展局官方网站，www. mda. gov. sg，2007 - 1 - 14。

字多媒体广播。①

(三) 我国媒介融合规制变革的新诉求——“三网融合”

早在1998年，我国就曾提出过“互联网、电信网、电视网三网合一”的设想，后来因为中国电信的拆分，导致该设想无疾而终。但是，“三网融合”作为媒介融合的一大亮点，在中国始终是不可阻挡的趋势。2001年3月，“十二五规划纲要”中明确提出“三网融合”，即“促进电信、电视、互联网三网融合”。2006年，十六届五中全会公布的“十一五规划”中再度明确提出：“加强宽带通信网、数字电视网和下一代互联网等信息基础设施建设，推进三网融合”。经过几年的初步准备和各部门的多次协商，我国于2010年开始推进三网融合试点工作。2010年1月13日，国务院总理温家宝主持召开国务院常务会议，决定加快推进我国电信网、广播电视网和互联网三网融合，审议通过了推进三网融合的总体方案，明确了三网融合的时间表。② 经过多次的讨论和修改之后，三网融合试点方案最终于2010年6月定稿，并于同年7月由国务院公布了首批试点城市名单。在中国起步较晚的“三网融合”终于迈出实质性的试点步伐，在许多领域如火如荼地开展着。

但是，从我国“三网融合”发展的总体情况来看，体制、机制等规制问题依旧是阻碍三网融合取得实质性进展的重要因素。常凌翀指出：“三网融合发展过程中最大的软肋，也是当前迫切需要解决的问题，是如何打破部门的条块分割，突破利益

---

① 朱春阳：“媒介融合规制研究的反思：中国面向与核心议题”，《国际新闻界》，2009年06月，第24页。

② 国家广播电影电视总局发展研究中心：《国外广播影视体制比较研究》，中国国际广播出版社2007年年版，第388页。

坚冰，实现体制创新，建立一个与目前技术以及未来技术发展相适应的内容监管机制和合理的利益分配制度。”① 我国2010年出台的“三网融合”政策明确要求：2010年至2012年重点开展广播电视和电信业务双向进入试点，探索形成保障“三网融合”规范有序开展的政策体系和体制机制；2013年至2015年，基本建立适应“三网融合”的体制机制和职责清晰、协调顺畅、决策科学、管理高效的新型监管体系。

面对“三网融合”规制政策层面的实质性进展，就广播电视而言，侯自强认为，对于“三网”融合而言，融合的核心是开放的互联网，而不是封闭的运营商专网，广播电视部门应该积极主动地在互联网上发展网络电视台，以适应传统媒体与网络媒体联动融合的大趋势，积极推进从三网融合到三屏联动的演进，而不是单独建设专网来发展媒介传输分发网络。② 就电信而言，刘辉指出，电信在网络规模方面具有明显优势，但广播电视对政策文件的解读直接关系到牌照、内容集成和内容播控等问题，如何进行利益的博弈和平衡，始终是摆在电信行业面前的一项重要挑战。③

除此之外，就双方而言，黄升民、谷红（2009）认为，在国家政策积极推进“三网融合”的背景下，广播电视系统和电信系统的竞争将是基于平台的竞争，中央政府和相关部委应该做出正确的引导和合理的制度安排，以促成三家电信运营商加

---

① 常凌翀：“三网融合，开启媒介融合大时代”，《新闻爱好者》，2010年3月，第45页。

② 侯自强：“NGB对抗互联网之路走不远”，《通信产业报》，2009年8月10日，第4期，第15版。

③ 陈力丹、董晨宇：“2010年我国新闻传播学研究的新鲜话题”，《当地传播》，2011年第2期，第10页。

广播电视系统的“3+1”均衡格局的形成。① 由此可见，在我国“三网融合”的推进过程中，体制、机制方面所要完成的规制改革任务要远远重于在业务融合层面的任务，并且已经迫在眉睫。

二、研究价值

在上述背景下，本书就中国媒介融合发展的路径选择问题，从规制变革层面进行了一次系统的考察。本书以促进中国媒介融合大发展为目标，在梳理中国媒介融合的发展进程和形式特点的基础上，对制约我国媒介融合发展的规制理念、规制体制、规制机制、规制手段4个方面的规制问题进行了全面深入的剖析，在借鉴西方主要国家媒介融合规制变革经验的基础上，从政府规制理论和制度变迁理论的视角审视我国媒介融合规制变革的现状，以找到适合中国国情的规制变革的理论依据，探寻符合中国语境的媒介融合规制变革的措施与对策。因此，本书不仅是对媒介政府规制理论和媒介制度理论的探究，也是对媒介融合与规制变革在实践上的反思，具有较大的理论拓展价值和较高的实践应用价值。

（一）理论价值

在考察中国媒介融合发展的实际情况后，本书把媒介融合研究引入到规制层面，不再从单纯的产业经济视角或传播技术视角考察媒介融合，而是运用政府规制和制度变迁理论的视角和思考方法，系统分析了媒介融合发展中规制失灵的根源以及

---

① 黄升民、谷虹：“数字媒体时代的平台建构与竞争”，《现代传播〈中国传媒大学学报〉》，2009年第5期，第20~27页。

规制变革的理论起点、国际经验借鉴及措施对策 4 个方面的内容。从政府规制和制度变迁理论的视野看待中国媒介融合的问题，在中国媒介融合研究中尚不多见，为中国媒介融合发展和传媒规制改革的研究提供了新的思考方向。因此，中国媒介融合发展的规制变革问题能够体现较高的学理价值。

（二）实践价值

首先，从传媒产业自身的发展要求来说，中国传媒产业的发展正处在一个深刻转型的变革之中，随着新媒体技术的日新月异，媒介融合成为传媒产业自身发展的一种不可逆转的趋势。原有的媒介形态、传媒业务模式和运营方式也因此面临转型。从形态方面来看，“你中有我，我中有你”的融合媒介将是媒介形态发展的最终落脚点；从业务方面来看，基于资源共享的融合新闻采集与制作才是未来的发展方向；而从经营理念到运营平台再到营销体系，整个传媒产业的经营模式也正在经历创新。

其次，从产业发展的客观制度环境来说，中国传媒业的发展不仅依靠自身的理论逻辑和市场逻辑来发展，更大程度上是与中国的制度现实、技术现实和产业现实紧密结合在一起的。由新近的数字技术革命引发的产业革命——媒介融合促使我们必须重新检视传媒产业的转型问题。在数字技术、移动技术和网络技术的推动下，广播电视、互联网和电信这三大产业在内容生产、传输平台和接收终端方面不断走向融合，它们的产业边界日益模糊甚至趋于消失。这场全新的技术革命在推动传媒产业迅速发展的同时，中国媒介融合发展的制度政策与规制变革应当如何展开？这需要我们在审时度势的基础上，根据现实要求，进行中国媒介融合之路的规制问题探究。考究清楚这个问题，不仅有利于我们进一步推进媒介体制和传媒产业的改革，也有利于深化我国文化体制改革，促进文化产业发展的多样化。

第二节　媒介融合规制研究综述

关于“媒介融合”（media convergence）思想的萌芽，最早可以追溯到20世纪由美国未来学家尼古拉斯·尼葛洛庞帝（Nicholas Negroponte）提出的“广播电视业、电脑业和印刷出版业将在数字化浪潮下呈现交叠重合的发展趋势”这一观点。1983年美国麻省理工学院教授伊契尔·索勒·浦尔（Ithel De Sola Pool）在其出版的《自由的科技》（*Technologies of Freedom*）一书中首次提出“形态融合”（convergence of modes）的概念，率先对媒介融合的内涵做出界定和解释，并且认为媒介融合是“媒介间界线日渐模糊”的进程。[①] 自此，“媒介融合”作为一个明确的学科理论概念，日渐受到业界的关注和学界的讨论。纵观国内外现有的研究，“媒介融合”这场遍及全球的革命性研究已经从一个简单的概念发展成为国内外新闻传播学界的一个热门话题，综合了技术、经济、政治和文化等多个不同领域，并延展到与媒介相关的各个方面，涉及媒介经营与新闻传播的各个层面。

一、国外研究现状

从目前研究媒介融合的论文数量和课题成果的相关情况来看，国际社会对这一领域的研究依然保持着很高的热情。“西方

① 陈映：“规制变革：媒介融合研究的新定向——基于文献回顾与探讨”，《新闻界》，2009年第3期，第11页。

学者在这一领域的研究呈现出多样化的视角，有从技术融合角度展开的研究，有从媒介所有权融合角度展开的研究，有从媒介文化融合角度展开的研究，有从媒介组织结构融合角度展开的研究，也从新闻采编技能融合角度展开的研究，等等。这些研究可以说扩展到了与媒介相关的所有方面，包括媒介的外部环境和内部机制，涉及媒介经营与新闻传播的各个角落。"① 依据已经发表的成果，可以说，西方学者对媒介融合的研究已经形成了一个较为完整的多元化理论体系。在这个理论体系中，相较于技术、文化、市场、产业、所有权、组织结构、新闻采编等研究领域而言，媒介融合的规制研究起步较晚，内容较薄弱。国际上在媒介融合规制方面的研究，主要集中于各国政府制定修改广播及电信法规和政策、变革媒介管理机制的实效检验研究。②

早在媒介融合出现端倪的20世纪末，西方学者便开始关注媒介融合下的传媒规制政策的调整和变革。例如，1998年克莱门特（Clements）和布莱克曼（Blackman）就电信产业与媒介产业的融合趋势及其对广播电视频率资源和电信产业政策的挑战进行了探讨，认为必须重新设计一种适合融合市场的新的规制体系，但是其中关于传统媒介内部规制政策的探讨较少。③ 之后，随着媒介融合进程的深入推进，关于融合趋势下传统媒介内部规制政策调

① 蔡雯："从'超级记者'到'超级团队'——西方媒体'融合新闻'的实践和理论"，《中国记者》，2007年1月，第80页。

② 朱春阳："媒介融合规制研究的反思：中国面向与核心议题"，《国际新闻界》，2009年06月，第24页。

③ C. R. Blackman. Convergence between Telecommunications and Other Media: How Should Regulation Adapt. *Telecommunication Policy*, 1998, 22 (3): 163－170.

整的研究逐渐增多，主要包括“媒介融合对传播规制政策的挑战与冲击”以及“传播规制政策的调整与变革”两方面内容。“J. V. Pavilk、P. R. Parson、P. K. Pringle、A. B. Albarran 等考察了产业融合之初美国传媒规制政策的早期调整；Gillian Doyle 研究了主要欧洲国家传媒规制政策的演化。”① “伦敦吉尔德霍尔大学的 Mark Wheeler 对英国传播政策在媒介融合语境的调整与变革进行了较为深入的分析和探讨；伦敦城市大学社会学系传播政策项目负责人 Petros Iosifidis 探讨了媒介融合对欧洲各国传播政策的影响和冲击，并初步勾画了融合时代欧洲新的政策架构。”②

西方学者普遍认为，在媒介融合的影响下，过去这种建立在传统媒体藩篱基础上的分类管理政策早已不合时宜，规制政策的融合、规制机构的统一已成为媒介融合发展的必经之路。埃斯菲迪斯（Petros Iosifidis）博士在其发表的“数字融合：对欧洲规制的挑战”一文中提出了“规制融合”（regulatory convergence）的概念，认为所谓的“规制融合”，其实是指通过展开一系列因应媒介技术融合、市场融合和产业融合的媒介规制变革，从而“建立一个能够适应所有融合领域的共通的规制框架”③。美国迈阿密大学传播学院教授格瑞森（Bruce Garrison）和杜培根（Michel Dupagne）在对坦帕新闻中心个案的研究中设计了“媒介融合”模型，并指明了技术融合、经济

① 朱春阳：“媒介融合规制研究的反思：中国面向与核心议题”，《国际新闻界》，2009 年 06 月，第 24 页。

② 陈映：“规制变革：媒介融合研究的新定向——基于文献回顾与探讨”，《新闻界》，2009 年第 3 期，第 13 页。

③ Petros Iosifidis, Digital Convergence: Challenges for European Regulation, *The Public*. Vol. 9 (2002).

融合与规制融合三者间的关系和作用。①

由此可见，西方国家关于媒介融合规制研究的先行者主要是围绕各国和各地区的实际情况进行规制政策方面的个案分析，而关于欧盟各国传播政策的调整与变革的议题备受研究者重视，相关研究成果众多。

二、国内研究现状

在中国，媒介融合的研究是一件舶来品，最早是由蔡雯教授于 2005 年在考察美国媒介发展现状过程中引入国内的。虽然该领域的研究在中国仅开展了几年时间，但是国内学界的论文和课题成果迅速增多，处于研究的上升阶段。依据时间进程分析，国内学界关于媒介融合研究的主要内容如下：

在 2005 年研究引入之时，国内研究是以介绍媒介融合的概念及对其的认识为主，并考察了美国传媒业的媒介融合现状以及媒介融合趋势将对传媒业造成的影响；2006 年，国内学者主要集中于媒介融合的定义、形式、过程、功能和影响的深入思考，开始将研究重点扩展到传统传媒产业和新媒体产业应对媒介融合的宏观战略；纵观 2007 年研究拓展的这一年，国内学界和业界更加注重从宏观层面探讨媒介融合发展的现状和趋势，从产业视角提出报纸、广播电视、手机、数字电视和互联网应对媒介融合的发展策略；2008 年，研究内容主要围绕传统媒体和新媒体在媒介融合背景下新的发展路径和赢利模式展开，深入发掘媒介融合影响下新闻业务流程的新变化；2009 年，媒介融合研究的视角开始多样

① Bruce Garrison, Michel Dupagne. A Case Study of Media Convergence at Media General's Tampa News Center, http: //com. miami. edu/car/columbia03. pdf.

化，除了继续探究媒介融合的现实意义和新旧媒体产业应对媒介融合挑战的策略选择外，还对媒介融合的实现路径及其进程中的关键问题进行反思，开始将传统媒介规制视角引入媒介融合的研究；总结2010年的研究成果，国内学者主要从新媒体技术、融合形态与进程、产业格局、社会影响及治理制度等多维度对媒介融合展开多元化研究，三网融合背景、综述性研究回顾和国外经验借鉴是本年度媒介融合研究的亮点；2011年的媒介融合研究基本上延续了2010年的重要话题，传统媒体在媒介融合背景下的转型、新旧媒体的整合营销策略以及媒介融合下传统传媒规制与体制的弊端等研究仍旧是媒介融合研究者持续关注的话题。

基于以上考察，一个显著的现象是：国内学者的研究多以西方国家的视角为主，而从中国媒介融合的实际情况出发、针对中国问题的特殊性反思较少。在较少的媒介融合中国问题研究中，大多数研究又主要集中于经济学视角下的产业融合领域，而摈弃单纯的经济维度、从媒介规制领域探究中国媒介融合路径的研究少之又少。在为数不多的中国媒介融合规制研究中，从制度学、社会学与传播学层面全面综合分析中国媒介融合规制变革的研究更是凤毛麟角。从笔者检索的文献情况来看，国内的研究成果主要分为以下几个方面。

（一）媒介融合规制研究的综述性回顾

陈映在“规制变革：媒介融合研究的新定向——基于文献回顾与探讨”一文中介绍了媒介融合的研究现状、规制融合的新概念和媒介融合语境下规制变革研究现状。朱春阳在“媒介融合规制研究的反思：中国面向与核心议题”一文中总结了媒介融合规制的国内外研究现状，提出媒介融合规制研究的中国面向问题，

认为规制政策变革是媒介融合规制研究的核心议题，变革的价值取向与目标应该体现中国的现实与未来发展的要求。谷红在“我国媒介产业融合研究的核心话题——2005～2009年相关论文综述”一文中就规制政策的融合理想与现实困境等内容，总结了其他学者对规制政策变革的不同主张。李良荣、杨梅在“2009年中国新闻学研究回顾”一文中，在概括学者论点的基础上，认为媒介融合的关键问题是体制障碍的规制革新。付玉辉在“2010年新媒体传播研究”一文中重点总结了研究者们在网络管理方面的建议，提出从治理主体到治理模式的全面革新。

（二）国外媒介融合规制的经验介绍和启示研究

蔡雯、黄金在“规制变革：媒介融合发展的必要前提——对世界多国媒介管理现状的比较思考”一文中对比了美国、英国、新加坡、中国香港等国家和地区的媒介规制改革之后，指出我国媒介融合同样面临着因行政区划和行业垄断引起的资本市场封闭的困扰，为了扭转与外国媒介集团竞争中的不利地位，媒介融合的规制改革势在必行。肖赞军在“媒介融合时代传媒规制的国际趋势及其启示”一文中总结了传媒规制的四大国际趋势：规制框架从纵向分业规制向横向分层规制转换，规制机构从分立机构向融合机构转变，规制改革的取向是放宽市场准入、倡导竞争、吸纳投资，规制重心从结构规制向行为规制转移。赵瑜在“当代欧美传播政策的演进趋势”一文中认为以往分散的法规和机构已经无法针对媒体的融合现象来实行统一管理，国际传播政策开始显性地偏离既有公共利益范式的特征，自由化以及由此而来的放松管制成为主旋律。肖叶飞在“媒介融合语境下西方国家广播电视规制的变革”一文中介绍了西方国家在广播电视规制理念、范式、内容和手段上的调整。喻国明、戴元初在“媒介融合情境下的竞争之道——对美国电视的新竞争策略的观察与分析”一文中指出，在美国，对于报纸兼并广播电视有严格的限制，但是对电视台收购报纸却没有明确的规定，对许多其他正在合作的传媒之间，正等待美国联邦电信委员会在管制规则方面的松动。柯妍、唐晓芬在“欧洲新媒体产业发展和规制变化”一文中详细介绍了欧洲新媒体发展不平衡的现状和欧洲新媒体规制的具体情况。韩运荣、高顺杰在“欧盟网络融合的规制经验”一文中分析了欧盟网络融合的监管框架、产业融合监管政策的特点以及具体的监管措施。付玉辉在“美国‘网络中立’论争的实质及其影响”一文中表示网络中立原则及立法进程将塑造新型的互联网传播格局和数字传播生态系统。张志在“解析日本的新媒介法制构想及内容规制理念”一文中对日本最近提出的改革现行媒介法制、建立融合型媒介法制的基本构想及其内容规制理念进行了重点分析。李红祥在“我国未来传媒规制政策的价值取向——媒介融合下美英传媒法制变革的启示”一文中在分析美英媒介融合法制变革的基础上，提出未来我国传媒规制政策的价值取向，即确保市场秩序和促进产业发展。肖燕雄在“论应对媒介融合的法制管理原则”一文中基于对西方国家的传播管理政策的分析和总结，提出应对媒介融合的“法律政策整合原则”、“管理分散原则”、“管理国际化原则”和“技术中立原则”的法制管理四大原则。吴婕的硕士学位论文“媒介融合时代的传媒规制研究”参照国外已有的媒介融合规制变革的实践，设计了媒介融合时代建构中国传媒规制体系的简单思路。

（三）媒介融合规制问题的框架性研究

张志在“论数字时代媒介政策的‘模块化’趋势”一文中提出了媒介政策应该呈现“模块化”趋势。彭兰在“媒介融合方向下的四个关键变革”一文中谈及媒介融合时代的体制变革时，指出要解决业务流程再造问题，其主要障碍不在于业务流程本身，而在融合各方的利益格局，并在“关于数字媒体内容管理体系建立原则的思考”一文中对建立数字内容管理体系提出了整合性、层次化、兼容性三项原则。陈绚在“数字化媒体传播内容管理限制式微”一文中认为从我国对数字化媒体禁止传播的内容入手，分析了内容限制立法政策对内容产业的影响，并对互联网传播内容的自由限度做了定位性说明。杨路索在“媒介融合时代我国传媒行业政府规制的探讨”一文中认为传媒行业政府规制关键是“制衡”，应从为人民服务、以人为本出发，建立传媒业自己的管理部门，以保障规制的制定和实施。

（四）媒介融合与传媒产业规制研究

肖赞军在“媒介融合背景下中国传媒经营体制改革研究”一文中指出在媒介融合背景下，现有体制因市场准入严苛、存量资源肢解和资本经营受限等问题制约了传媒产业的发展，进一步的改革思路是，基于横向结构放松市场准入，重塑市场主体，推进资本经营，建构传媒规制体系。邹军在“媒介融合与中国传媒产业规制变革”一文中认为正确的规制变革是媒介融合的必要前提，未来中国传媒产业规制应体现“抑制垄断和放松管制同步”“内容监管与传输经营分开”“规制机构由分立走向统一”的趋势。岳芃在“媒介信息融合与产业规制制度改革”一

文中从技术变化、媒介信息融合导致产业利益冲突的视角出发，认为对广播电视和电信产业进行产业规制制度改革是有机整合各方利益的关键所在。张雷在“媒介融合趋向下的独立制作与产业规制”一文中建议从促进产能扩张、成本节约和需求提升等方面，出台旨在促进独立制作公司有效融入媒介融合的规制方案，推进媒介融合和独立制作业的共同发展。

（五）三网融合规制问题剖析

韦乐平在“三网融合的四大挑战及对策建议”一文中指出我国“三网融合”面临着电信和广播电视分业监管体制和运营体制以及在观念、行业标准和行为准则上存在巨大差异所导致的障碍，主张建立融合的、有效的监管体制，尽快制定各项配套政策和法律规章制度，为“三网融合”提供监管体制和法律体制的双重保障。时统宇在“没有利益和体制的融合，三网融合只是个传说”一文中认为“三网融合”提出多年而束之高阁的一个主要原因是，在现有体系下其商业模式无法开展，尽快推出成熟的商业模式才是“三网融合”得以推进的关键。郭小平在“欧洲新媒体规制对中国三网融合的启示”一文中借鉴欧洲的新媒体规制变革，主张我国“三网融合”中的视听新媒体规制要在立法的基础上成立相对独立的视听新媒体监管机构。陈露在“三网融合产业规制研究”一文中主张建立面向三网融合的独立政府规制机构。李宏博的硕士学位论文“‘三网融合’的规制体制构建问题研究”总结了国外“三网融合”及其规制改革的经验，重点从构建原则、法律体系、规制机构设置、规制方式等方面提出三网融合的规制体系构建建议。宁海忻的硕士学位论文“我国三网融合监管模式研究”深入剖析了我国当前分业监管模式的缺陷，结合我国国情对构建“三网融合”统一监管模式提

出了新的设想和建议。

第三节　本书的研究方法

研究方法是指人们用什么样的方式和方法来观察事物和解决问题，主要解决“怎么办”的问题。具体地说，科学的研究方法是人们获取可靠信息、正确地解释现象、理解文本的途径。英国著名科学家和自由思想家卡尔·皮尔逊（Karl Pearson）把研究方法看作训练公民的科学心智框架的有效手段。本书在写作过程中主要采用了以下研究方法。

一、实证分析与规范分析有机结合的方法

现代西方经济学理论认为，实证分析和规范分析是相对的，而非绝对的，二者互为补充。实证分析是规范分析的基石，规范分析是实证分析的升华。本书将实证分析与规范分析有机结合在一起，全面地对中国媒介融合规制变革问题进行研究。

实证分析注重对经济现象、经济行为或经济活动及其发展趋势进行客观分析，是“描述性的”。[①] 简言之，就是回答“是什么”的问题。本书第一章、第二章及第四章都是以实证分析为主。第一章从媒介融合的中国实践出发，对中国媒介融合的进程、现状、形式和特点展开描述、分析和总结，回答了中国语境下的媒介融合“是怎样”的问题。第三章就制约中国媒介融合发展的规制根源，分别从“规制理念”“规制体制”“规制

① 曼昆著，梁小民译：《经济学原理》（第4版），北京大学出版社2006年版，《微观经济学分册》第29页。

机制”3个方面解释了既有的中国媒介融合规制问题“是什么”。第四章归纳总结了世界各国媒介融合规制变革的实践措施，提出了可供我国借鉴的媒介融合规制变革经验究竟“是哪些”。

规范分析则是一种关乎“伦理信条和价值判断”[①] 的分析方法，是“命令性的”[②]，它要解决的是“应该是什么”“不应该是什么”的问题。本书第三章与第五章主要运用了规范分析方法。第三章依据政府规制理论和新制度理论，对中国媒介融合规制变革的合理性进行了论证，说明“为什么应该进行变革”而不做出别的选择的理论依据，具有显著的理论指导意义。第五章则提出了具体的对策思路，具有实践应用价值。

二、静态分析与动态分析有机结合的方法

静态分析与动态分析是实证分析方法中的集合体，它们的区别在于，静态分析不考虑时间因素，而动态分析则要求考虑时间因素。本书中，静态分析是对中国媒介融合及其规制问题在某一特定时间点下进行分析，有助于认识中国媒介融合和规制变革的现状与特点，是一种短期分析；动态分析则是对中国媒介融合及其规制问题的发展进程进行研究，是一种长期分析。

无论是探讨中国媒介融合的发展及其规制根源问题，还是研究国外媒介融合规制变革的经验启示，本书都运用了静

① 道格拉斯·诺思：“经济变迁的过程”，《经济学》，2002年第1卷第4期。

② 曼昆著，梁小民译：《经济学原理》（第4版），北京大学出版社2006年版，《微观经济学分册》第29页。

态分析和动态分析有机结合的方法。例如，在研究制约中国媒介融合发展的规制根源问题时，作者既分析了现有规制形成的历史原因和条件，又阐释了传统规制不适宜于当下的具体情况。

三、历史分析方法

历史分析方法是一种追根溯源的分析方法。具体地说，它是基于发展和变化的思维，对客观事物和社会现象的不同发展阶段进行联系和比较，提出符合实际的解决之道。传媒规制是人类社会发展到一定历史阶段的产物，它随着社会制度和技术条件的变化而变迁。传媒规制的制定和实施是基于具体的历史条件和特定的历史背景的，因此，对媒介融合规制变革的研究必然要求将问题还原到当时的历史环境和社会背景中。

本书第一章中重点截取了 20 世纪 90 年代末中国传媒集团化改革至今的 20 多年时间，主要对这一时期媒介融合在中国的发展进行了梳理和分析，并在此基础上总结了制约中国媒介融合发展的规制原因。在对中国媒介融合的发展实践以及制约发展的规制根源分析中，本书主要运用了历史分析方法。

四、比较分析方法

比较分析方法是将客观事物与对象加以对比，以找出它们之间的相似性和差异性的一种分析方法。本书综合采用了横向比较和纵向比较相结合的方法。纵向上，本书在第一章中回顾了媒介融合在中国发展演变的路径，从批判分析的视角总结历史进程；横向上，本书第四章归纳总结了世界各国应对媒介融

合挑战而进行的规制变革实践，为我国媒介融合规制的变革提供了参考经验。

五、逻辑分析方法

逻辑分析方法首先重视对客观事物与命题对象的分类解析，即对问题的分解思考。法国哲学家笛卡尔（René Descartes）在《论方法》一书中就曾提出，可以将要研究的复杂问题尽量分解为多个比较简单的小问题，一个一个地分开解决。关于媒介融合规制问题的研究，只有在分解的基础上，才能找到具有典型意义的问题，然后通过对这些问题的综合归纳，探寻这些表象之间的内在联系，进而寻得解决问题的方法。不言而喻，逻辑分析方法的问题解析意识贯穿全书，也就是将一个大问题分解成下一层面的子问题，通过综合归纳的方法各个击破。面对“中国媒介融合规制变革”这个复杂问题，依照研究对象的内在逻辑关系，本书将这个大问题分解成实践情况、问题根源、理论依据、经验启示和对策思路，并将问题根源部分详细分解为规制理念、规制体制、规制机制和规制手段 4 个方面进行阐释。

在分解的基础上，逻辑分类方法还讲究从现象概括出本质的抽象分析，即借助理论工具解释现象、预测现象。马克思就曾主张：“从具体的经济现象中概括出本质性的抽象规定，进而从抽象的概念向具体的概念过度，说明具体的经济矛盾。”① 在第四章，本书发挥政府规制理论和新制度经济学

① Friedman, Milton. “The Methodology of Positive Economics”, *Essays in Positive Economics*, Chicago: University of Chicago Press, 1953.

的解释作用，抽象概括出“变革现象”在意识形态、技术力量、制度环境和利益集团4个层面的理论内涵。在第六章变革思路分析中，本书对规制理念、规制体制、规制机制和规制制度进行了对策设计，从而发挥理论预测的指导作用。

六、系统论方法

系统论方法就是把研究对象如实地当作一个系统加以考察，以求得整体上认识事物的方法。具体地说，系统论方法注重从整体与要素之间、要素与要素之间、整体与外部之间的相互联系、相互作用的关系中考察对象，以使问题得到最佳处理的一种方法。系统论方法认为，任何系统都是有结构的，系统的结构都是有层次的。因此，在分析问题时，系统论方法着眼于系统的层次结构分析。本书将第三章的分析框架剖解成规制理念、规制体制、规制机制3个层次，并且在每个层次的具体分析中都是以系统论为指导的；在第六章分析规制变革的对策思路时，系统论方法始终贯穿其中。

七、跨学科研究方法

媒介融合的规制变革研究无疑会涉及政治学、经济学、社会学、传播学、法学等多学科。本书分析问题的主要理论研究方法如下：政治学中的政府与社会理论、政府与市场理论；政府规制理论中的公共利益理论、放松规制理论和激励性规制理论；新制度经济学中的利益集团、寻租和分配冲突理论、制度变迁的供给与需求理论和制度变迁的国家理论；产业经济学中的产业发展理论和竞争市场理论；新闻传播学中的媒介功能理论、传媒生态理论、传媒经济理论、媒介制度理论、媒介政府

规制理论；传播政治经济学理论；等等。这是由媒介融合规制问题的综合性和广泛性决定的。

第四节　与媒介融合规制相关的基本概念

本书主要是在政府规制理论、新制度经济学和媒介属性功能理论的观照下对中国媒介融合规制变革问题进行全面研究的。因此，有必要在此就政府规制理论、新制度经济学和媒介属性功能理论的一些关键概念进行阐述。

一、政府规制理论的基本概念

在西方经济学发展过程中，长期存在着经济自由主义和国家干预主义两大经济思潮，实践中，市场经济体系的发展也深受它们的影响。起源于19世纪美国的政府规制是“一个与市场经济体系的发展相伴随的活动，并常常受到市场经济体系价值取向变化的影响”[①]。从国家干预主义理论演化而来的政府规制思想依托产业组织学和制度经济学理论框架，化解经济自由主义和国家干预主义的矛盾，形成了一套体系完善、具有融合性的当代西方规制理论。

（一）规制

“规制”一词原本是外来词，是20世纪90年由日本产业经济学家植草益在对英文“regulation”的翻译中引入中国的。对

① 朱春阳：“传媒产业规制：背景演变、国际经验与中国现实”，《西南民族大学学报（人文社科版）》，2008年03月，总第199期，第170页。

单词“regulation”的解读，虽然国内学者早有将其译作“管制”的，但是学界普遍认为“规制”一词更为贴切。从中国语言习惯的角度来看，“管制”一词显得较为强硬，容易使人想象为政府用行政手段和统治命令对经济主体进行强制性管理的行为，而“规制”一词则较为准确地表达了市场经济环境下政府通过法律和规章制度的实施，约束和规范经济主体的行为，包括法律手段、经济手段和行政手段。

从狭义和广义的维度来解释“规制”一词，两者存在以下区别：狭义的规制仅仅是指各种限制、禁止；① 而广义的规制则是指积极的鼓励和促进。② 本书在论述过程中所采用“规制”一词赞同广义的“规制”主张，在书中表示针对媒介的各种限制、禁止、鼓励和促进的政策。③

从学科研究对象的角度探讨“规制”的概念，主要有：经济学视角下的规制是指“政府机构依照一定的规则对企业的活动进行限制的行为”④，是“在以市场机制为基础的经济体制下，以矫正、改善市场机制内在的问题（广义的失灵）为目的”⑤ 的，“特指的是政府对私人经济部门进行的某种限制或规定，如价格限制、数量限制或经营许可，等等”⑥；政治学视

---

① 植草益著，朱绍文等译：《微观经济学》，中国发展出版社 1992 年版，第 1 页。

② 金泽良雄著，满达人译：《经济法概论》，甘肃人民出版社 1985 年版，第 45 ~46 页。

③ 陈富良：《放松规制和强化规制》，上海三联书店 2001 年版，第 2 页。

④ 植草益著，朱绍文等译：《微观经济学》，中国发展出版社 1992 年版，第 18 页。

⑤ 金泽良雄著，满达人译：《经济法概论》，甘肃人民出版社 1985 年版。

⑥ 樊纲：《市场机制与经济效率》，上海人民出版社 1995 年版，第 173 页。

角下的规制是指“政府控制市民、公司或准政府组织行为的任何企图”，“是政治家寻求政治目的有关的政治过程”[①]；法学视角的规制是指“管制者的判断对商业或市场判断的决然取代”，法学界的争论焦点是关于行政程序及对规制机构行为的司法控制。[②]

从基本特征来理解“规制”，主要有以下内容：一是规制主体的公共性，即规制政策的制定和实施是由政府行政机关或相关公共部门进行的；二是规制对象的微观性，虽然规制的客体可以是“作为生产者的企业、个人、其他各种经济组织、传媒消费者等，也可以是政府本身”[③]，但是规制的直接对象是微观经济主体；三是规制手段的强制性，即行政机关以颁布法律、法规、规章、命令及裁决为手段；四是规制政策的动态性，是指规制作为政府对市场失灵的特殊回应，它是随着经济形势、技术条件、市场需求以及产业结构的发展变化而进行的动态调整；五是规制目标的控制性，是指规制直接控制各类微观经济主体的活动和行为，对阻碍市场机制发挥应有功能的现象或市场机制无法作用的领域实施控制和限制。

从方式类型来区分“规制”，主要有间接规制和直接规制两种。间接规制是指“政府通过反垄断法、民法、商法等法律手

① 丹尼尔·F·史普博著，余晖等译：《管制与市场》，上海人民出版社1999年版，第35~36页。

② 丹尼尔·F·史普博著，余晖等译：《管制与市场》，上海人民出版社1999年版，第38页。

③ 陈建华、姜东旭编著：《传媒经济学》，中山大学出版社2010年版，第203页。

段对垄断等不公平竞争行为进行间接制约”[①]，主要包括以反垄断法为中心的竞争促进政策和以处理信息不对称为目的的政策。直接规制则是以防止发生与自然垄断、信息不对称、外部性和非价值物品有关的规制，主要包括经济性规制（economic regulation）和社会性规制（social regulation）。经济性规制主要是解决由于自然垄断和信息不对称造成的资源浪费、配置效率低下和消费者不公平待遇等问题，主要形式有价格规制、进退规制、融资规制、质量规制、信息规制等；社会性规制主要是解决外部不经济和非价值物问题，是指政府对经济行为主体的产品、服务及围绕产品和服务展开的各种生产活动设立标准，进行规制，包括安全性规制、健康规制和环境规制等。

（二）市场失灵与规制失灵

虽然规制研究的内容各不相同，但它们有共同的市场认识，“政府规制的全部法学和经济学合理性，是建立在‘市场失灵’的基础之上的。”[②] 所谓市场失灵（market failure），是指由于市场机制自身的特点和缺陷，通过市场价值规律无法实现资源最佳配置，或市场机制在特定情况下导致资源配置不当或无效率的状况，主要表现为以下几种：在生产领域，表现为宏观经济波动、无序化，市场信息不充分，市场竞争不完全，产业发展不平衡，无法有效提供公共物品，也无法有效解决市场带来的外在性问题；在分配领域，表现为两极分化逐渐加重，贫富差

① 喻国明、丁汉青、支庭荣、陈瑞编著：《传媒经济学教程》，中国人民大学出版社 2009 年版，第 230 页。

② 于雷：《市场规制法律问题研究》，北京大学出版社 2003 年版，第 8 页。

距日益加大，无法提供均等化的社会福利，也难以实现充分就业、维护民主和加强社会凝聚力等社会目标。

无论是来自市场本身固有的缺陷，还是产生于经济活动中的矛盾，市场失灵是市场经济在现实经济生活中必然出现的现象，这迫使各国政府都将政府规制作为一种经常性的治理方式应用于市场经济管理活动中。但是政府规制并非万能的。“20 世纪 70 年代以来，包括价格水平规制和价格结构规制在内的传统的政府经济性规制手段带来了企业低效市场行为、规制成本提高、寻租成本的产生和产业停滞等问题，日本产业经济学家植草益将这些现象称为‘规制失灵’。”[①] 可见，规制失灵（regulation failure）是指政府在矫正和弥补市场机制的功能缺陷的过程中，不可避免地陷入了政府活动的非市场缺陷，出现各种事与愿违的结果和问题，最终导致经济效率低下和社会福利损失。规制失灵的主要类型有：①政府机构的低效浪费，由于政府部门管理行为的非营利性，导致它们所提供的公共服务成本过高、生产过剩超额；②政府政策的低效率，即公共决策失误，一方面，政府干预是人为的，决策者本身也是理性的追求个人利益的人，因而往往并非服务于更好的解决市场失灵问题，而是服务于经济以外的政治目的。另一方面，决策者受知识技能及思想观点的局限，其所制订的计划和措施也不一定符合客观要求，加之执行过程也可能受到影响，从而影响资源的最优配置与充分利用；③政府行为的寻租与腐败，即以“租金”形式寻求经济利益以及为这种利益进行的游说活动，使社会财富只是在特

① 吴曼芳：《媒介的政府规制》，中国电影出版社 2008 年版，第 11 页。

殊集团中进行权力的再分配和利益的再调整，只是满足了特殊集团及某些个人的利益，造成权力集中、独断专行，甚至导致出现国家垄断，遏制竞争，从而使其调节效率反而低于市场调节。

二、新制度理论的基本概念

本书在分析中国媒介融合规制变革的理论依据时，借用了新制度经济学视角下制度变迁理论中的一些基本概念和研究框架，这是对媒介规制变革的一种特殊视角下的解读。因此，首先需要对制度、变迁与制度变迁这些基本概念进行阐释。

（一）制度与变迁

解释“制度变迁”概念之前，首先要理解“制度”与“变迁”的内涵。什么是制度？新制度经济学派的代表人物诺思（Douglass C. North）认为，制度是“一系列被制定出来的规制、守法程序和行为的道德伦理规范”[①]。综合休·E. S. 克劳福德（Sue E. S. Crawford）和埃莉诺·奥斯特罗姆（Elinor Ostrom）在“制度的语法”一文中的观点，从静态上看，制度是一种规范、规则；从动态上看，制度是一种博弈均衡。[②] 前者是制度的表现形式，后者是制度的形成机制。什么是变迁？在诺思看来，“变

① 道格拉斯·C. 诺思著，陈郁、罗华平等译：《经济史中的结构与变迁》，上海三联书店、上海人民出版社 1994 年版，第 225 ~226 页。

② Sue E. S. Crawford, Elinor Ostrom, A Grammar of Institutions, *American Political Science Review*, Vol. 89, No. 3 September 1995, pp582 ~599.

迁”一词是指制度创立、变更以及随着时间变化而被打破的方式。[①]

（二）制度变迁

所谓的制度变迁，是指一种制度框架的被打破和创新，是“制度的替代、转换与交易过程”[②]。当制度的供给和需求均衡被打破时，一种制度安排不能再满足人们的需求时，制度变迁就会发生。V. W. 拉坦在“诱致性制度变迁理论”一文中对制度变迁进行了较为系统地论述，他认为制度变迁是“一种特定组织的行为的变化”，是“这一特定组织与周围环境之间的相互关系的变化”，是“在一种组织环境中支配行为与相互关系的规制的变化”。[③]在制度变迁过程中，成本与收益之比成为促进还是阻碍制度变迁的关键因素，这便是经典的制度变迁理论。通过文献检索发现，国内外关于制度变迁的研究主要是针对经济学领域，但越来越多的政治学家、社会学家等开始关注制度变迁研究。制度变迁理论主要就是研究“谁”、“为什么”及“怎样”进行制度变迁的，涉及制度变迁的主体、动因、方式、效率评价及周期等问题。总结国内外对制度变迁的已有研究，主要包括以下 4 个方面。

---

① 道格拉斯·C. 诺思著，陈郁、罗华平等译：《经济史中的结构与变迁》，上海三联书店、上海人民出版社 1994 年版，第 225 ~226 页。

② 苗壮：“制度变迁中的改革战略选择问题”，《经济研究》，1992 年版第 10 期。

③ V. W. 拉坦：“诱致性制度变迁理论”，《财产权利与制度变迁——产权学派与新制度学派译文集》，上海三联书店，第 329 页。

1. 制度变迁的主体说。

如以诺思、巴泽尔（Yoram Barzel）和奥尔森（Mancur Olsen）为代表的“国家理论”，认为作为产权界定、保护等公共性质服务的提供者——国家，一方面通过界定竞争与合作的基本规则使统治者租金最大化，另一方面降低交易费用使社会产出最大化，从而使国家税收增加。又如黄少安的“主体角色转化假说”，认为制度变迁涉及不同的主体，不同主体的角色是变化的、可转换的，其变化和转化的原因主要取决于制度变迁对各自利益的影响，也受制于其他因素。

2. 制度变迁的动因说。

以科斯（Ronald H. Coase）、阿尔钦（Armen Albert Alchian）、诺思和托马斯（Thomas）为代表的“产权理论”主张，只有界定、保护和实施产权，才能使经济系统具有激励机制，有效的组织通过创立制度安排和产权，将个人的经济努力导向私人收益率接近社会收益率的活动，将外部性内化是实现西方制度变迁的主要原因。又如以奥尔森、塔洛克（Gordon Tullock）和利贝卡普（Gary D. Libecap）为代表的“利益集团的寻租与分配冲突理论”表示，由于利益集团间的分配冲突及寻租行为的存在，制度能否变迁以及变迁的方向取决于利益集团之间的较量。除此之外，还有以拉坦和菲尼为代表的“供给与需求理论”，以戴维、亚瑟、诺思和沙瑞克为代表人物的“路径依赖与意识形态理论”等。

3. 制度变迁的方式说。

制度变迁的方式说认为制度变迁的方式有两种，一种是自下而上的诱致性制度变迁，是一群（个）人在响应由制度不均衡引致的获利机会所进行的自发性变迁，往往与自愿相联系；另一种则是自上而下的强制性制度变迁，是由政府法令引起的

变迁，往往与政府强制权力相关。

4. 制度变迁理论的新发展。

从理论发展的新方向来看，制度变迁理论的新进展主要表现为：从静态分析转向动态分析；从单一分析转向复合分析；从单层次分析转向多层次分析；从纯经济学分析转向多学科分析。从制度变迁理论所运用的分析方法和分析工具来看，制度变迁理论还表现出博弈论分析、历史分析、认知论分析和计量分析的特点。如基于博弈论分析的制度变迁，该理论的代表人物青木昌彦在重复博弈论和进化博弈论这两个分支的基础上提出了主观博弈模型，认为制度变迁的过程就是主观博弈模型不断修改、完善和最终收敛于共同的表征系统的过程，其特征类似于生物进化过程。

三、传播媒介的二重属性与社会功能

麦克卢汉（Marshall McLuhan）认为，就信息传播而言，媒介是特定渠道内传递信息的工具。他提出了“媒介是人体的延伸”的观点。可见，媒介是承载、传递信息的介质和形式，它是人类利用技术手段在时间与空间上实现生物感官与社会关系的延伸。随着人类社会的经济活动与阶级分化的出现，传播媒介便不可挣脱地被打上了经济属性与政治属性的烙印。从经济层面来看，任何传播媒介既是经济活动服务的提供者，服务于其他经济行为实体，创造社会效益，也是经济创收活动的实践者，参与市场与经营的一切经济生活，实现自身的经济利益。从政治层面来看，媒介又是阶级社会中统治阶级维护自身利益的手段，它的出现和消失必然伴随阶级社会的始终。由此可见，经济属性与政治属性是传播媒介的根本属性，构成了传播媒介

的二重性。

当媒介的信息传播介于个人之间时，它表现为人际传播的社会特征；当媒介的信息沟通延伸至群体、组织和社会层面时，媒介的社会功能和社会意义则更为显著，媒介承担着社会所赋予的特殊功能和特定含义。随着传播媒介的经济属性与政治属性在社会意义上的衍生，媒介便担负起产业功能和宣传功能。中国由于长期以来过分强调政治思想与意识形态，人们习惯上只看见传播媒介单一的政治属性，媒介机构也一直执行着传统的喉舌功能。但是，必须明确的是，传播媒介的政治属性是从经济属性中派生出来的，它必定要为自身经济属性的实现提供服务和保障，同时更要为统治阶级的经济利益提供服务和保障。因此，媒介的产业功能更应该得到广泛重视。除此之外，传播媒介在社会范围内还承担着教育功能、服务功能、联系功能、娱乐功能、文化功能、环境保护功能、社会控制功能、规范传递功能等。

在结合传播媒介的属性说和功能论的前提下，本书探讨了中国媒介融合规制变革的目标原则和价值取向。在新媒体技术的支持下，传播媒介在社会生活中扮演着各种各样的重要角色，它的作用空间得到了很大的提升和拓宽。在新媒体技术快速发展的短短十几年中，媒介融合使传播媒介功能以及媒介与国家、社会之间的利益关系发生了哪些变化？媒介融合规制的变革又该以什么样的目标原则和价值取向作为规制理念？这都需要我们回归到传播媒介的二重属性和功能理论的起点上进行探讨。

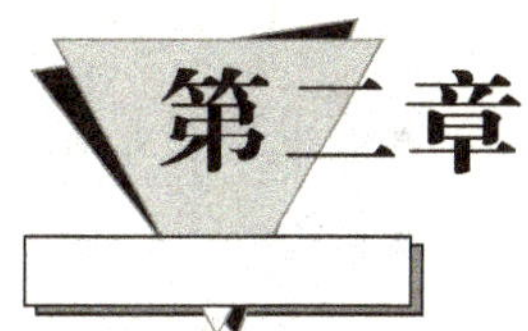

中国语境下媒介融合的实践图景

“（技术）总是贯穿于历史发展当中的，不但是从它的物质性来看，而且从它所处的政治、经济和社会语境来看都是如此。因此，技术总是与其他因素共同组成和表达了文化价值。”

——［美］薇薇安·索布恰克，《屏幕的景象：展望影像化和电子化存在》

第一节　中国媒介融合的演变进程

早在 1978 年，美国麻省理工学院媒体实验室的尼葛洛庞帝教授曾用三个圆圈来描述计算机、印刷和广播电视三者的技术边界，认为三个圆圈的相交处将会成为发展最快、创新最多的领域。这便产生了“媒介融合”的思想萌芽与概念雏形。从概念层面分析，媒介融合是指“在数字技术和网络技术的背景下，以信息消费终端的需求为指向，向内容融合、网络融合和终端融合所构成的媒介形态的演化过程”①。从产业角度来看，媒介融合涉及的产业范围广阔，内容丰富，不仅包括传统意义上的传媒产业，还包括以传统传媒产业为中心而参与到融合中的电信业、IT 业和电子产业等信息产业。中国媒介融合的演变进程发端于传统传媒产业内部的业务融合，大致可以分成三个阶段：第一阶段是以媒介集团化为特征的初始阶段；第二阶段是以传媒整合为主的展开阶段；第三阶段是以三网融合为主的推进阶段。

① 王菲：《媒介大融合》，南方日报出版社 2007 年版，第 21 页。

一、初始阶段：媒介集团化（1996—2002 年）

现在看来，传播媒介的经济属性与政治属性及由此衍生出来的产业功能和宣传功能的双重性是被人们熟知与认可的。但是，在十四大以前，这是媒介思想的禁忌和媒介机构改革的禁区。十四大以后，关于媒介改革的话题开始向企业化管理、产业化经营的经济层面转移。1992 年 6 月，中共中央和国务院发布了《关于加快发展第三产业的决定》（以简称《决定》），其中指出，将文化娱乐、广播影视、图书出版等文化行业都划入第三产业的范围，并要求这些行业“以产业为方向，建立充满活力的第三产业自我发展机制……办成经济实体或实行企业化经营，做到自主经营、自负盈亏，现有的大部分福利型、公益型和事业型第三产业单位要逐步向经营型转变，实行企业化管理”[①]。《决定》在政策上为媒介行业打破了产业禁忌，极大地推动了我国媒介行业的产业化进程，并成为指导我国媒介产业化发展的重要政策依据。

媒介行业的产业化改革步伐从报业管理体制的变革开始，以《羊城晚报》和《金华日报》的产业化运作为典型案例。在盘活媒介固有资源、促进企业化管理的基础上，为解决产业化发展的收益和速度问题，我国新闻传播业走上了规模化的改革之路，“那就是通过集团化的方式，建设一个超大规模的事业单位，然后对这个超大型的事业单位进行资源整合和企业化管理，

① http：//www. scio. gov. cn/zggk/gqbg/2009/200910/t427869. htm。

通过优化重组，从而获得规模经济带来的利润。”①

1994年5月，国家新闻出版总署（即现国家新闻出版广播电影电视总局）发布了《关于书报刊音像出版单位成立集团问题的通知》，明确提出通过试点改革进行书报刊音像出版单位集团化改革，在政策上为传媒集团化开辟了道路。② 作为全国报业集团试点改革单位，广州日报社经中宣部和国家新闻出版总署批准，于1996年1月15日率先组建了中国第一家报业集团——广州日报报业集团。很快，广州日报的集团化模式成为国内各大报社纷纷效仿的改革模板，各大报业集团在之后的几年内纷纷成立：1998年，羊城晚报、南方日报、经济日报、光明日报、“文汇新民联合”五家报业集团经国家新闻出版总署批准相继成立；1999年，深圳报业集团的前身深圳特区报报业集团和四川日报报业集团组建；2000年，大众日报、北京日报、解放日报、大庆日报、浙江日报等8家报业集团成立；2001年，云南日报、湖南日报、湖北日报、新华日报、杭州日报等11家报业集团被批准成立；2002年中旬，黑龙江日报、长江日报报业集团挂牌成立。

通过合并重组打造集团化的尝试既是这一时期报业改革的特征，也是中国媒介融合在发展伊始的路径方式。当时的报业集团化改革在媒介产业化的道路上摸索前行，虽然收入效益上升较缓慢，但其集团化的步伐却走在广播电视业的前面。依据陈怀林的收益与成本比率的理论观点，由于报业改革的成本较广播电视业低，而它的收益与成本之比却高于广播电视业，这

① 陈鹏：《制度与空间——中国媒介制度变革论》，中国书籍出版社2011年版，第73页。

② http：//www.chinaacc.com/new/63/73/137/2006/2/sa6282045915226002712 0-0.htm。

成为报业改革先于广播电视业改革的原因。

虽然广播电视的集团化进程要比报业慢一拍，但它的发展态势较报业而言有过之而无不及。在报业集团化改革经验的指导下，国家广播电视决策部门也开始了产业化改革的探索。1992 年 3 月，由上海市广播电视局、上海电视台、上海人民广播电台及上海每周广播电视报 4 家单位共同发起的上海东方明珠股份有限公司注册成立，主要经营旅游、传媒及广告 3 大业务，并于 1994 年初上市交易。它的创办是对广播电视的产业化改革进行了一次外围的试探，没有涉及广播电视的业务核心与部门核心。1998 年，经过一系列改造的湖南电广实业股份有限公司成立，并于年底上市交易，从业务经营内容来看，主要包括广告宣传、影视会展、宽带传输、旅游观光等方面，这使广播电视的产业化改革又向前迈进了一步。虽然广播电视业的边缘业务与边缘部门的产业化改革有了许多试点，并且卓有成效，但是涉及核心业务与核心部门的改革步伐却审慎、缓慢得多，而且在“四级办”的政策影响下，广播电视行业出现了“散”“乱”“滥”的现象。

出于电信业和报业的竞争压力及自身发展的瓶颈，广播电视业也开始了集团化改革的尝试。1999 年 6 月，全国首家广播电视集团——无锡广播电视集团在无锡地级市的申请下被批准成立。同年 9 月，国务院发布了《国务院办公厅转发信息产业部、国家广播电影电视总局关于加强广播电视有线网络建设管理意见的通知》，明确规定“在省、自治区、直辖市组建包括广播电台和电视台在内的广播电视集团”①，这加速了广播

① http：//www. people. com. cn/item/flfgk/gwyfg/1999/112706199901. html。

电视集团的组建。2000 年 12 月，湖南广播影视集团正式挂牌成立。

2001 年 8 月，中共中央办公厅和国务院办公厅转发了《中央宣传部、国家广播电视总局、新闻出版总署关于深化新闻出版广播影视业改革若干意见》，提出“要从组织结构调整入手，积极推进文化行业集团化建设，组建一批主业突出、品牌名优、综合能力强的大型文化集团，实行多媒体兼营、跨地区经营”，以此为突破口，加大市场整合力度，迅速提高文化企事业的竞争力。[①] 同年 4 月，上海文化广播影视集团（简称“上海文广集团”）；5 月，北京市广播电视集团；12 月，中国广播影视集团与浙江广播电视集团相继挂牌成立。伴随着报纸、广播电视“治滥治散”和产业化、集团化的过程，到 2002 年年初，全国共组建了包括中国广播电视集团和中国出版集团在内的文化集团 72 家，其中，报业集团 38 家、出版集团 10 家、发行集团 5 家、广播电视集团 12 家、电影集团 5 家。

然而，众所周知，我国媒介集团的组建是在不完全市场化条件下“行政力量拉郎配”[②] 的结果。媒介集团化作为中国传媒业发展的现实选择，虽然它的目标是朝着“多媒体、多渠道、多品种、多层次、多功能”[③] 的综合性传媒集团发展，且经过近十年的改革，也促使媒介集团的数量成指数倍增长，但是媒介集团化改革也存在许多问题：第一，媒介集团所有权虚设，产权人缺位，使媒介市场主体缺失，导致媒介市场竞争的

① http：//www. scio. gov. cn/zggk/gqbg/2009/200910/t427869. htm。

② 韩运荣、喻国明：“30 年来我国传媒经济之演进”，《新闻学论集》（第 3 辑），第 147 页。

③ 吴曼芳：《媒介的政府规制》，中国电影出版社 2008 年版，第 186 页。

无序；第二，传媒集团受多部门管理，行政力量干预过度，使其丧失了市场发展的主动权和竞争的积极性；第三，由于缺乏长远、系统的改革目标及其粗放型发展模式，行政力量主导下的媒介集团实践暴露了其发展的盲目性，导致了发展速度的“大跃进”；第四，由于行政区域壁垒高筑，全国性统一开放的市场不能形成，而局部媒介市场结构过剩，传媒集团的自由竞争之路无法实现；第五，传媒集团的融资渠道单一，发展资金后劲不足，导致集团化后续改革无法深入，媒介集团化发展陷入瓶颈，由此开启了媒介融合的第二个阶段——传媒整合化阶段。

二、展开阶段：传媒整合化（2003—2009年）

如果说，初始阶段的媒介融合更多地是受到政治、经济两种力量的影响和作用的话，展开阶段的媒介融合——传媒整合化阶段，则是在政治、经济和新媒体技术力量的共同推动下发生的，主要是对跨地区、跨媒体和跨产业的融合进行探索。在跨地区融合的尝试中，如由光明日报和南方日报两大报业集团联合创办的《新京报》于2003年11月在北京创刊；在跨媒体融合方面，如牡丹江广播电视集团在2004年实现了多种传媒的横向整合，通过资本运作并购了《牡丹江日报》，组建了全国首家融合报纸、广播和电视于一体的新闻传媒集团公司；跨产业融合主要表现在广播电视业与电信业的磨合中，如2005年中国电信与上海文广集团合作在上海推出了以“百视通”为品牌的IPTV业务，获得中国内地第一张IPTV牌照。到目前为止，传媒整合化阶段的媒介融合政策仍带有实验性质。

回顾我国媒介融合发展的第二阶段，在深化文化体制改革的时代背景下，中国媒介融合的制度环境进一步改善。2002年，中共十六大在第六部分“文化建设和文化体制改革”中明确提出了“继续深化文化体制改革”“理顺政府和文化企事业单位的关系”“深化文化企事业单位内部改革”“完善文化市场管理机制”等要求①，这为媒介融合的展开提供了政治保障。2003年年底，为解决文化单位试点改革工作中的一些具体问题，国务院办公厅下发了《文化体制改革试点中支持文化产业发展和经营性文化事业单位转制为企业的两个规定》，就财政税收、投融资、资产处置、工商管理、价格、国有文化资产授权经营、收入分配、社会保障、人员分流安置、法人登记等12项内容进行了明文规定，不仅为试点单位提供了税收优惠政策，也为媒介融合的展开提供了政策支持。②

从20世纪末开始，学界对世界传媒产业发展内容及方向的讨论形成的基本共识是，全球媒介产业“进入了以数字化平台建设为核心的新技术革命和跨媒体经营时代”③。截至目前，互联网领域已实现的媒介融合包括网络报刊、网络出版、网络广播、网络电视、网络视频、网络游戏、网络社交等，手机移动技术已实现的媒介融合包括手机报刊、手机广播、手机电视、网页浏览、移动增值服务等业务。毋庸置疑，在新媒体技术的推动下，第二阶段的媒介融合在媒介技术、传播渠道、传媒终端、跨地区业务、跨媒体产业甚至媒介规制方面展开了不同深度、不同层次的全方位、立体式大整合。

① http：//news. xinhuanet. com/newscenter/2002 -11/17/content_ 632285. htm。

② http：//baike. baidu. com/view/3704814. htm。

③ 韩运荣、喻国明：“30年来我国传媒经济之演进”，《新闻学论集》（第3辑），第148页。

理所当然，抢滩新媒体领域是传媒集团进行整合化发展的明智之举。成立于2000年的解放日报报业集团目前拥有11报、5刊、1个网络版、1家出版社和1家文艺院团。依托传统报业的优势资源，解放日报报业集团于2006年开始全面实施以"i－news（手机报）""i－mook（电子杂志）""i－paper（电子报纸）""i－street（公共新闻视屏）"为内容的"4－i"新媒体战略，向新媒体领域展开积极探索。"4－i"新媒体各具特色：i－news是上海首份彩信手机报，用户已达数万；i－mook利用Flash、视音频合成等手段编辑，在保留传统杂志翻页阅读习惯的同时，融入纸质杂志不具备的动画、旋转、透视等精彩效果；i－paper是全世界第一张电子报，采用了电子纸显示技术，实现无纸化和体验式阅读；i－street主要分布在上海主要街道上，成为解放日报报业集团给流动受众提供即时新闻和服务信息的有效平台。[①] 前身是南方报业集团的南方报业传媒集团在实施投融资体制创新、引进战略投资、优化集团核心业务结构的基础上，也于2006年斥资亿元打造了"南方新闻数码港"，以此推动内容资源综合开发的技术创新和平台创新。[②] 同年5月，广州日报报业集团和广东移动联合推出了手机多媒体报。[③] 上海东方传媒集团旗下的财经媒体集团"第一财经"拥有第一财经电视、第一财经日报、第一财经广播、第一财经周刊、第一财经网站和第一财经研究院，涉及报刊、广播、电视、互联网等领域，覆盖数字媒体服务（如无线业务）和金融商业信息服务（如实时

① http：//business. sohu. com/20070313/n248696500. shtml。

② http：//news. sohu. com/20060805/n244633254. shtml。

③ http：//finance. sina. com. cn/hy/20061115/11133080269. shtml。

财经新闻和数据库）等业务。[①]

传媒整合阶段的媒介融合通过整合传媒资源，促进传媒产业升级，实现传媒资产利润的最大化，但是也暴露了媒介融合过程中传媒产业的发展与竞争方面的问题。一方面，传媒产业发展的同质化带来了内耗式恶性竞争：就报业市场的竞争来看，无论是同城市场、区域市场还是全国市场，报纸价格之战的激烈程度前所未有；就电视市场的竞争来看，省级卫视之间、省级卫视与央视之间，在节目、广告、人才以及电视剧首播权方面的恶战愈演愈烈。另一方面，虽然媒介融合在技术、渠道与市场方面实现了一定程度的协同整合，但是受媒介规制和传媒体制的束缚，同一地区的不同传媒行业之间鲜有来往，传媒产业的扩张因缺乏自主权而一再放缓。毫无疑问，从根本上说，媒介规制的调整与融合是媒介融合发展的关键。

三、推进阶段：三网融合化（2010 年至今）

如果说 2005 年中国电信与上海文广集团合作推出的“百视通”业务呈现了大媒体融合的趋势的话，2010 年 1 月 13 日国务院正式确定的“三网融合”时间表则表示“三网融合”时代正式到来。从产业角度来看，三网融合是要实现信息传播领域的传媒产业与电信产业之间从分立走向融合的发展，而业务方面的双向进入则是“三网融合”现阶段的主攻目标。随着“三网融合”阶段性目标于 2010 年的推进与实施，2010 年也被誉为“三网融合”元年。

早在 1998 年，国内经济学家周其仁就曾根据当时的全球电信技术发展和管理变革，提出“中国电信业、广播电视业交互

① http：//baike. baidu. com/view/222761. htm。

进入”的三网合一思想，主张立足于电信业和广播电视业的改革，推动“数网竞争”。根据当时媒体的报道，广播电视部门曾于1998年试图摸索着开展一些电信业务，结果遭到电信运营商的强烈反对。此后，双方的发展矛盾和利益冲突不断升级。对电信部门而言，拥有年产值数千亿的产业向年产值数百亿的广播电视业开放市场，却无法取得广播电视市场的核心业务——内容播控权；对广播电视部门而言，广播电视产业的市场化发展远远落后于电信业，即使未来有一定的竞争优势，但是自身最为重要的基础网络——数字化网络双向改造尚未完成。不言而喻，广播电视业和电信业无法在“三网融合”中找到利益共同点。1999年9月，当时的信息产业部（简称信产部）与广播电影电视总局（简称广电总局）联合制定了《关于加强广播电视有线网络建设管理的意见》（当年国务院办公厅“82号文”转发，“82号文”为业内对该规定的俗称），明确双方“互相禁入”的原则。在此后的十年时间里，虽然“三网融合”一再被提上议程，但由于两部委的扯皮不休而寸步难行。

虽然广播电视业与电信业在“三网融合”道路上难以达成一致，但是技术融合导致的媒介融合趋势是不可阻挡的，这也预示着“三网融合”的进程是无法阻止的。首先，电信运营商率先在市场上推出各种新媒体的融合产品；其次，广播电视产业展开了IPTV的融合运营模式。2005年，在广播电视总局的支持下，上海文广集团拿到了中国内地第一张IPTV牌照，取得上海、黑龙江、辽宁、浙江、福建、陕西六个省市的试点资格，分别与当地电信、联通合作开展IPTV业务。但是，由于IPTV业务的发展直接冲击了地方有线网络部门的利益，基于地方有线部门的阻挠和抗议，广播电视总局于2005年年底、2006年年初相继叫停了几个地方

IPTV 的“违规试点”。截至2007年年底，全国IPTV用户只有114万户，而且只限制在上海、黑龙江、辽宁等四省市，原因就在于电信、网通在福建、浙江等地的IPTV试验曾被当地广播电视部门以“82号文件”为由予以禁止。①

正是看到了广播电视业和电信业在市场上提供的产品和服务相互趋同和不断竞争的趋势，国家认为“三网融合”进入实质性发展阶段的时机已经成熟。2008年1月，国家广播电视总局公布了《国务院办公厅转发发展改革委等部门关于鼓励数字电视产业发展若干政策的通知》（国办发〔2008〕1号），此次发布的通知重新修订了广播电视与电信的边界，打破了有关广播电视与电信分业经营的规定，鼓励广播电视开展增值电信业务，电信可以投资数字电视接入网络和终端改造。广播电视与电信之间“禁止相互进入”的“82号文件”规定，在多番博弈下，随着国务院办公厅一纸文件的转发，终于作古废除。2009年5月，国务院批转了国家发展与改革委员会发布的《关于2009年深化经济体制改革工作意见》，其中明确表示实现广播电视和电信企业的双向准入，推动“三网融合”取得实质性进展，随之我国便进入2010年“三网融合”元年。

2010年1月13日，国务院总理温家宝主持召开国务院常务会议，决定加快推进电信网、广播电视网和互联网“三网融合”，提出了推进“三网融合”的阶段性目标，即“2010年至2012年重点开展广播电视和电信业务双向进入试点，探索形成保障“三网融合”规范有序开展的政策体系和体制机制；2013年至2015年总结推广试点经验，全面实现三网融合发展，普及应用融合业务，

① http：//www.gcircle.cn/GnewsDetail.asp？ID=195。

基本形成适度竞争的网络产业格局，基本建立适应三网融合的体制机制和职责清晰、协调顺畅、决策科学、管理高效的新型监管体系①。1月21日，国务院办公厅随即下发《国务院关于印发推进三网融合总体方案的通知》，这意味着广播电视总局和工信部两大部委针对IPTV等新媒体业务的内容播控权归属问题将展开激烈地博弈。4月2日、4月26日、5月下旬、6月3日分别由广播电视总局与工信部提交的四稿“三网融合试点方案”都被国务院领导小组一一驳回和否决，直到6月6日，试点方案的第五稿才在国家三网融合协调小组会议上通过，工信部与广播电视总局僵持不下的IPTV内容播控权最终独归广播电视部门。由此可见，两大部委对IPTV等新媒体内容播控权的争夺是导致三网融合试点方案难产和延期出台的根本原因。虽然IPTV内容播控权已花落广播电视总局，但是两大部委之间的博弈并不会就此停止。同年7月1日，国务院办公厅正式对外公布了第一批三网融合试点城市名单，其中包括北京、上海、大连、哈尔滨、南京、杭州、厦门、青岛、武汉、深圳、绵阳等12个城市。

面对媒介融合这个历史性的产业发展机遇，面对一个方兴未艾、市场范围广阔的新媒体领域，作为推进三网融合的两大主体，广播电视业和电信业各自都拥有不可替代的特殊优势，同时也都有着自身的“短板”和“软肋”。尤为重要的是，随着三网融合试点工作的展开和推广，以及试点深度的拓展，广播电视业和电信业自身的优势和劣势还在不同程度的转化。这意味着，广播电视业和电信业要放下彼此狭隘的部门利益之争，朝着融合的方向发展，审时度势地进行合作。如此，三网融合

① http：//news. xinhuanet. com/politics/2010－01/13/content_ 12804559. htm。

才能真正顺利推进，双方才能真正跟上时代发展的步伐。

第二节　中国媒介融合的表现形式

理论上，依据美国浦尔教授在其出版的《自由的科技》一书中提出的“传播形态融合”的观点，媒介融合是指，随着基于数字技术、移动技术和互联网技术等媒介技术的发展，促使报纸、广播、电视、网络等不同媒介介质之间的藩篱逐渐被打破，最终导致历来泾渭分明的文字、音频、视频及数字多媒体的各种传播形态能够聚合在一起。实践中，随着信息技术的发展，特别是随着Web2.0技术的不断成熟，媒介之间的边界不断地消解，传媒产业内部呈现出以融合为特征的发展态势，并逐渐形成“由内容融合、网络融合和终端融合这三大位于媒介产业链上的活动环节所构成的大传媒产业生产形态”①。

从国内外大型传媒集团的发展历程来看，媒介融合大多是从报纸到电台、从电台到电视、从电视到新媒体的发展融合过程中不断产生的。因此，媒介融合具有同类媒介融合、跨媒介融合与跨业融合三个层面的形式。就我国当前的实际情况而言，媒介融合仅停留在初级阶段，主要表现为传统媒体之间以及传统媒体与新媒体之间的融合。

一、传统媒体之间的融合

传统媒体之间的融合不仅可以促使各媒体充分利用各自的传播优势，进行立体报道，还可以使各媒介之间相互借鉴彼此

---

① 王菲：《媒介大融合》，南方日报出版社2007年版，第21页。

的优点和经验，最大限度地扩大传播效果，达到舆论合力。这正是媒介融合的目标之一。

（一）传统媒体间同类媒介的融合

由于传播形态方面的同质性，同类媒体之间存在较大的接近性，相互之间的联合与联盟具有较强的沟通性和协调性，便于实际操作，因此，这种模式的融合也较易成功。同类媒体的联合与联盟主要存在于报纸与报纸、广播与广播、电视与电视之间。从我国传媒产业化进程来看，随着1996年中国第一家报业集团广州日报报业集团的成立，拉开了同类传统媒体联合组建的序幕。自1996年起，完成了集团改革的各大报业集团和广播电视集团如雨后春笋般在全国各地涌现。传媒集团化以及集团内部多种传媒业务的整合，是我国媒介融合发展模式中同类传统媒体联合与联盟的一种重要路径。在内部业务融合的实际操作中，传统媒体整合专业内容资源，开展深入合作，节约制作成本，实现内容产品的规模经济效益。

电视方面，立志要成为“华语世界最大的财经视频空间”的“第一财经电视”在整合上海第一财经（地面频道）和东方财经（数字电视频道）的基础上，通过和宁夏卫视合作播出财经节目的方式，与宁夏卫视共同打造中国卫视市场上的财富频道。属于该电视管辖的有三支频道：上海第一财经（地面频道）在上海、南京等城市实现全网覆盖，并通过香港NOW宽频电视覆盖中国香港的88万有线电视用户；东方财经（数字电视频道）覆盖全国29个省、市、自治区，覆盖家庭达2 000多万户；宁夏卫视目前已覆盖上海、北京、广东、江苏、浙江等31个省、市、自治区，有效收视人口近6亿。频道节目分为财经资讯节目、证券交易节目及财经专题节目，旗下创造了大批品牌栏目，包括《财经早班车》《财经夜行线》《今日股市》《市场零距离》《头脑风暴》《中国经营者》等。

广播方面，中央人民广播电台第三套节目“Music Radio 音乐之声”通过广播业务合作，节目全面覆盖中国42座城市2.6亿人口。隶属于目前国内省级广播中唯一一家专业的财经广播电台——“第一财经广播”旗下的许多栏目和节目通过业务联合，覆盖全国多个不同地区，其中，《中国财经60分》通过节目联播网辐射至全国，并落地中国香港新城财经台，《中国长三角》已通过中央人民广播电台传播至全国，《三江联播》节目是国内唯一的粤、港、沪三地联播的经济新闻专题节目。

报纸方面，南方报业集团与光明日报报业集团合作，在北京创办了《新京报》。《第一财经日报》由上海东方传媒集团、广州日报报业集团、北京青年报社联合主办，目前在北京、沈阳、济南、南京、上海、杭州、广州、深圳、成都印刷，是中国最具影响力和公信力的财经报纸。该报记者覆盖国内外主要商业城市。

（二）传统媒体间的跨媒介融合

在媒介融合大趋势下，西方发达国家的报纸、广播、电视三大传统媒体早已摈弃了过往你死我活争夺媒介市场的竞争方式，逐步上升到融合经营的新层面。根据各自受众群体的分类，报纸、广播与电视之间的跨媒介融合采用全新的新闻采编流程，实现新闻业务方面的资源共享，然后再按照媒体各自所需重新排列组合，将共享的新闻内容通过文字、图片、视频等形式，

生产出形态各异的、适用于不同媒体平台的终端产品。

在我国，由于广播与电视均隶属于国家广播电视系统，它们之间的融合是比较简单的。“它们从扩大受众群体的角度出发进行整合，这种把广播、电视媒体的受众群体交叉在同一播出点上，在模糊度上增加了电视节目的外在收视率。在电视媒体收视方式没有发生变化的情况下，广播资讯台这一时段的听众对这一栏目收听往往是正向迁移，增加了听众对这一栏目的认识程度和进一步深化了解的可能。”① 由此可见，广播节目的电视版、电视节目的广播版是广播与电视之间跨媒介融合的常见方式。例如，2005 年 4 月 26 日，吉林电视台《早安吉林》节目与吉林人民广播电台资讯台合作，由资讯台在 100.1 兆赫同步转播《早安吉林》节目。这种广播与电视同步直播的常态新闻播出方式把广播与电视媒体的受众群体交叉在同一个播出点上，增加了听众对它的认识和认可。②

作为传统媒体间跨媒介融合的另一重要形式，国内出版业与广播电视业联合的实例也比较多。2001 年，上海东方传媒集团有限公司在整合上海人民广播电台、上海东方广播电台、上海电视台、上海东方电视台、上海有线电视台等单位的基础上，组建成为一家集广播、电视、报刊、网络等于一体的多媒体集团。又如，2006 年 1 月，大连日报社主办的《北方体育报》联合大连数字电视教育频道和大连沿海传媒有限公司创办《北方体育报》电视版，《北方体育报》给予新闻和素材支持，大连电

① 徐沁：《媒介融合论》，中国传媒大学出版社 2009 年版，第 111 页。

② 孙玉双、孔庆帅：“中国媒介融合的现状与未来”，《现代视听》，2011 年第 3 期，第 24 页。

视台派出专业编辑记者进行拍摄与编辑，由《北方体育报》总编辑与大连电视台主持人共同主持，这标志着我国第一家专业报纸电视版项目正式启动。①

但是，由于受传统媒介规制的制度壁垒和浓厚的意识形态的影响，目前，我国传统媒体产业仍旧处于各自分离运营的状态，即出版业和广播电视业不可以交叉进入另一方的市场领域。因此，我国报刊与广播电视之间的跨媒介融合仍只是属于集团化运作的战术性联合，实际上就是“分区独立操作”，所有权界限十分清晰。例如，在中国，报纸不可以办电视台、广播台。

二、新旧媒体之间的融合

新媒体是基于数字化技术、网络化技术、移动通信技术等，通过互联网、无线通信网、数字广播电视网和卫星等渠道，以计算机、电视、手机、PDA、MP4 等设备为终端的媒体。② 在一个数字化与网络化的传播时代，以互联网和手机为代表的新媒体对传统媒体造成了巨大影响已经成为不争的事实。根据自身特点进行媒介融合，不仅是传统新闻媒体迎接挑战、转危为机的重要途径，也是新媒体全面发展、拓展业务的重要手段。不言而喻，媒介融合的触角早已在新旧媒体之间延展开来。

（一）传统媒体与网络新媒体的融合

在全球范围内，传统媒体与网络新媒体相互融合的最早实例是建造在美国佛罗里达州坦帕市的一座投资4 000万美金的传

---

① http：//media. people. com. cn/GB/40699/5262631. html。

② 参照中国新媒体发展研究报告（2006—2007），www. chinalabs. com。

媒大厦——“坦帕新闻中心”（Tampa's News Center）。该中心集中了坦帕论坛报、网站（Tampa Bay Online）、电视台（WFLA-TV）和集团网站（TBO.com）编辑部门，设立“多媒体新闻总编辑”，统一管理报纸、电视和网络三类媒介的新闻报道，实现了这三类媒介在新闻采编方面的联动。在我国，从媒介融合的发展历程来看，传统媒体和网络新媒体的融合早已以集团化组建的方式登台亮相，不少传统媒体相继推出各自的新闻网站或门户网站，在网络平台上实现了资源融合与品牌延伸。

1. 报纸与网络的融合。

成立报业网站、实现报网互动是传统报业与网络融合的主要产物。国内最早实现“报网融合”的是人民日报与新华社先后于1997年创建各自的网站——人民网和新华网。紧随其后，北京日报、北京晚报、北京青年报等十几家报社也进行了颇具规模的跨媒体合作，组建千龙新闻网。现如今，国内大大小小的报纸几乎都有自己的网站或各自的电子版。

我国报纸与网络的融合主要经历了以下三个阶段：一是电子版阶段，这种报纸的电脑网络版在初期没有广告和订户收入，只是报纸在互联网上的简单对应，这是报纸走向与网络融合的第一步；二是超链接阶段，报纸网站开始通过超链接方式发表详尽的深度报道和背景资料，此时的报纸网站已经开始具有网络特性，是报纸与网络进一步融合的时段；三是多媒体阶段，此时的报纸网站已经不再是传统意义上的报纸网络版，而是一个独立于传统媒体、具有鲜明网络特性的新型新闻媒体，即网络专用新闻阶段。今天，经历了以上三个发展阶段的报业网站有些已不是纯粹的新闻网站，而是成为具备多种功能的综合性网站。

2. 广播与网络的融合。

从调频电波到网络广播（network broadcasting），从单一音频形式向“音频+文字+图片+视频”多媒体形态转化，这是广播与网络联姻的双赢成果。网络广播的出现为广播自身的发展开创了一种新局面。就全国范围而言，最早开播网络广播的要数广东人民广播电台于1996年10月建立自己的网站。今天，在互联网上可以很方便地找到中国国际广播电台、中央人民广播电台、北京人民广播电台、北京音乐台、上海东方广播电台、珠海电台、广东人民广播电台等十余家电台网站。

现阶段，我国网络广播的发展情况可以分为以下两种：一是广播网络化，这是传统广播在网络平台上的简单延伸；二是网络化广播，这是借鉴传统广播方式实现互联网多媒体信息的独立制作和传播。前者只是将传统广播电台的节目搬到互联网上进行转播，是将互联网用作广播媒体的一种辅助性工具；后者则是从网络发展的角度观察广播，并就此跳出传统广播的模式，真正发挥网络广播的优势。然而，国内大多数网络广播的类型只属于前者。

3. 电视与网络的融合。

电视与网络作为当今信息传播媒介的主要方式，它们的融合为中国传统电视在技术、产品、业务、组织、营销战略等方面的创新提供了无限的机会。传统电视具备更多计算机的特点，当其与网络相连时，既可以接收和储存数字内容，也可以实现电视观众与频道节目、荧屏广告等内容的互动。融合了传统电视媒体和网络媒体优势的新媒体电视不仅使电视信号更清晰，频道选择更多样化，更重要的是，它使视频点播成为可能。作为网络电视的典型代表，由PPLIVE推出的PPTV网络电视新媒

体以“新技术、新渠道和新媒体”为核心理念，通过高清、3D、小蓝光等视听技术与网络电视的结合应用，一举成为2010年网络视频媒体中的强势平台。[①] 正如尼葛洛庞帝在《数字化生存》一书中所说的：“从前所说的大众传媒正演变为个人化的双向交流，信息不再被‘推给’消费者，相反，人们将把所需要的信息‘拉出来’，并参与到创造信息的活动中。”[②]

在中国，传统电视媒体与网络媒体经历了以下三个层面的融合。一是工具式合作，这是传统电视媒体和网络媒体融合的初级形态，只是在节目内容和营销方式方面实现了一定程度的交叉互动，但是各媒体依然保持自己原有的传播方式和媒介属性，媒体之间的关系和性质并未发生任何变化，这种互动合作是浅层次的、临时性的，严格地说，它还没有达到融合的要求。二是组织性整合，这是将传统电视媒体与网络媒体两种不同载体的媒介形态集合在同一组织内部，形成一个多元异质媒介的组合体，既实现了传统电视媒体的跨媒介经营，又使网络媒体获得了更多的原创内容资源和对重要事件的采访权，这个层面的融合已经将电视与网络看成了同一系统，以此寻求系统功能的最大化，构建整合型的媒介传播网络。三是创新性大融合，这是在传播技术突飞猛进和传媒生态剧变的基础上形成的新的媒介形态——网络视频，包括由传统电视媒体兴办的网络电视、大型门户网站的视频频道以及分享型专业视频网站，这是视网融合的高级形态，不仅改变了原有传媒产业的市场需求特征，

① 陈明玥，“电视与网络的媒体融合与发展对策探讨”，《重庆工商大学学报（社会科学版）》，第28卷第6期，第111页。

② 尼葛洛庞帝：《数字化生存》，海南出版社1997版，第103页。

创造出新的产品和服务，而且开拓了传媒产业全新的市场空间。

（二）传统媒体与手机新媒体的融合

据国内三大移动运营商披露的最新数字显示，截至2012年1月，中国的手机用户数已达9.8758亿，即将逼近10亿大关，这意味着约有75%的中国公民拥有手机。由此可见，手机作为一种通信媒介出现在人们的生活中，已然成为人们日常生活的必需品之一。随着2009年1月工业和信息化部（简称工信部）为中国移动、中国电信和中国联通发放了3张第三代移动通信（3G）牌照之后，我国的手机媒体正式步入了3G通信时代。进入3G时代的手机媒体在突破目前“文字加图片”的单一表现形式的基础上，发展成为集视频、音频、图片、文字、动漫等多媒体于一体的数字媒体。由此可见，随着3G手机未来创新应用的全面开发，手机媒体的影响力势必会更加迅速地推广开来，进一步促使报纸、广播、电视等媒体向手机媒体靠拢。

1. 报纸与手机的融合。

报纸与手机相结合的产物——手机报（mobile newspaper）是“一种将纸质报纸的新闻内容通过移动通信技术平台传播，使用户能通过手机阅读到报纸内容的信息传播业务”①。实际上，手机报是报业开发新媒体的一种特殊方式。如今，手机报已成为传统报业继创办网络版、兴办网站之后，跻身电子新媒体的又一举措。国内第一份手机报是《中国妇女报》联合中国移动于2004年7月推出的“中国妇女报——彩信版”。之后，各大报社与电信部门合作推出的手机报就如雨后春笋，在短短的三

① 匡文波：《手机媒体概论》，中国人民大学出版社2006年版。

年多时间内，全国就有30多家报业集团和报社推出了各种类型的手机报，手机报的发展呈现井喷之势。

目前手机报大致分为两类，一种是彩信手机报，另一种是WAP、I-mode和3G网站类型。国内目前已开通服务的手机报主要采用的是彩信模式。值得一提的，3G手机报作为一项全新的手机媒体业务，具有能够让用户摆脱时空限制、随时随地阅读各类海量资讯、提供高效互动体验的强大优势，越来越受到报纸媒体的关注和青睐。在2009年5月国家新闻出版总署教育培训中心和中国报协电子技术委员会联合举办的研修班上，多家报社相关负责人表示，传统媒体借助手机作为新型快捷的传播渠道已成为一种趋势，越来越多的报社开始为3G网络商用后抢占新媒体平台谋篇布局。[①]

2. 电视与手机的融合。

电视与手机融合的重要形式——手机电视是指利用广播网络（包括地面数字电视网络、卫星通信广播网络以及具备广播能力的移动通信网络），面向移动通信终端进行数字内容广播（包括音频、视频和数据内容广播）的新型移动多媒体业务。作为传统媒体的电视，存在信息滞留性差、受众不能实时对节目内容进行选择和保留的缺陷，而手机电视开创了一种不受时空限制的全新信息传播方式，它集电视媒体的直观性、广播媒体的便携性、报纸媒体的滞留性以及网络媒体的交互性等优势为一体，确保了受众节目收视上的随意性和即使性。随着国家广播电影电视总局“移动多媒体广播”标准（CMMB）于2006年

① 姚欣：“3G时代：媒介融合成必然趋势”，《新闻与写作》，2010年3月，第33页。

10 月正式颁布和 CMMB 手机电视在全国重点城市的免费试播，我国手机电视的发展进入了规范化的快车道，并逐渐渗入人们的日常生活中。

目前，国内手机电视存在两种发展方向：一种是完全依靠广播电视的数字发射网络，选用广播电视总局的 CMMB 技术标准，需要专门的定制手机；另一种是借用国内三大移动运营商的无线传输网络，使用工信部的 TMMB 技术标准。前者控制内容和手机牌照，后者掌控手机芯片入网，广播电视总局和工信部双方相互牵制，共同影响着手机电视的市场应用。2008 年奥运会期间，手机电视已成功服务奥运会的特别报道，有超过 100 万人通过中国移动网络用手机欣赏精彩的奥运视频，节目点击次数近 700 万次，累计播放时长达到 30 余万小时。截至 2009 年春节，CMMB 手机电视范围扩大至 150 个城市，用户量超过 300 万。

（三）全媒体融合

全媒体融合是指媒体全方位、立体化融合，是兼文字、图形、图像、动画、音频和视频等各种表现手段于一体的、不同媒介形态之间的融合，是“一种多平台（媒体、渠道）传播、多触角（点）互动、全方位覆盖的新的传播形态，以最大限度地满足最广泛受众对全球信息最全面、详尽、即时、多样的需求”①。例如，烟台日报传媒集团创建的“全媒体数字采编发布系统”比较具有代表性，在这一全媒体数字平台中，集团记者

① 张敬民：“广播电视的全媒体时代”，《中国广播电视学刊》，2010 年第 12 期，第 32 页。

采集的同一个内容包含文字、图片、音频和视频等素材，进入全媒体数据库。

全媒体融合具有以下特征：一是传播主体“一主多元”，即以最具实力和影响力的某个媒体及其产业为核心、与其他多个媒体间实现全方位的高度融合；二是传播内容“互动共享”，既包括传受双方、受众之间在同一平台上的无障碍沟通，也包括信息内容多渠道、多触角地无边界渗透；三是内容采集“聚合融通”，即全媒体采集人员通过图文、音频、视频等不同形式，运用多样化传播手段进行综合立体式报道；四是内容管理“分类整合”，这意味着全媒体编辑人员将搜集的各类信息依照不同渠道、不同平台的特性进行制作，最终达到传播与接收的高度聚合；五是接收终端“多样移动”，即给用户提供更大的信息接收平台和渠道选择空间，使受众突破时间和地域的限制，随时随地与信息相伴。

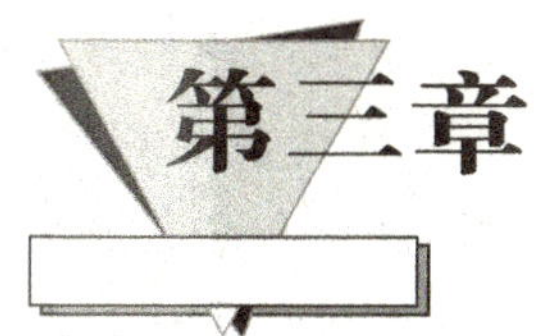

第三章 制约中国媒介融合发展的规制问题

“不断变化的媒介环境使为媒体领域做出一个确切定义变得困难，这也意味着竞争可能来自于新的、非传统的参与者，比如电话公司、计算机公司、金融机构和其他的信息行业的参与者。当政府部门寻求界定它们的界限时，这不仅表明市场中的冲突扩展了，而且表明管制环境中的冲突也扩展了。”

——［美］本杰明·M·康佩恩（Benjamin M. Compaine）道格拉斯·戈梅里（Douglas Gomery），《谁拥有媒体？》

“我国传媒业经过二十余年的高速成长，目前正处在一个盘整、转型的关键时期。种种迹象表明，无论是我国社会发展的未来特点，还是经济的全球化进程，以及媒介业自身的产业化发展，都在相当大的程度上制约和决定着我国传媒业的运作模式、竞争能力和运营效率，并要求我们在所有重大的发展战略方面做出相应的选择和调整。因此，对于今天媒介业的发展而言，弄清楚我们所处的历史方位，把握业界的现实发展的关键与‘问题单’，就显得特别重要了。”

——喻国明，《变革传媒：解析中国传媒转型问题》

第一节 规制理念问题

美国传播学者沃伦·布里德（Warren Breed）研究发现，那些最初也是无所顾忌、敢于拼闯的年轻记者最终都会变得同老记者一样循规蹈矩、安分守己，这是因为在编辑部里始终存在一张无形而有力的“潜规则（hidden rules）”，一方面确保了媒介组织的宗旨和规范得到贯彻，另一方面阻止初出茅庐的年轻

记者对媒介组织规则的破坏。[①] 如果将布里德所指的这张存在于媒介组织内部的“潜规则”对应到国家管理层面，则是指政府规制理念。这种无形的、未经正式文件加以确认的规制理念“潜规则”对政府规制的影响，相较于政府出台的正式而明确的政策法规有过之而无不及。

笔者将“规制理念”定义为“在规制过程中一种对规制主体和规制对象的认知，即对政府和媒介的理解，是关于政府的角色、职能和权限以及媒介的属性和功能等价值判断的总和”。这种价值判断的认知往往是媒介规制形成、运行和变革的基础，有什么样的媒介规制理念，就有什么样的媒介规制安排。例如，强调自由民主的欧洲政府出于公共服务和社会利益的考虑，对广播电视业和电信业一直采取抑制垄断、服务公共的国家干预措施，在这样一种规制理念下，最终演化成公共广播电视规制体制和国有国营的电信管理政策。由此可见，媒介规制理念在媒介规制变革过程中具有重要的作用。

一、政府全能观念的片面

媒介的政府规制必然绕不开关于政府与媒介关系的讨论，因此，如何认识政府、政府职能以及政府对媒介的管理权限，对媒介规制及其变迁有着至关重要的作用和影响。关于政府及其权力和职能的认识，存在“事无巨细、包揽一切”的全能政府和“权力受限、职能适当”的有限政府两种观点。

在我国，“传统的政府观念认为，政府是全能的，集社会管理与经济运营于一身，政府包办一切，既办又管，全面主宰经

---

① 吴文虎：《传播学概论》，武汉大学出版社2000年版，第129页。

济活动”[①]，因而我国政府部门一直实行的是“事无巨细、包揽一切”的全能管理方式。事实上，我国政府部门对传媒业同样也实行包办一切的管理方式，传媒产业处于政府行政主宰经济发展的方式之下，其问题与弊端重重。首先，在经济活动中，传媒组织丧失了参与市场经营的主体性与主动权，无法发挥自我管理的积极性，成为一个没有脑子、只会照命令执行的生硬机器，即使获得再多的政策扶持，也会因为缺乏对政策的主体认同感而导致出现政策命令无法完全执行的尴尬局面。其次，传媒经济的发展和媒介资源的配置脱离了市场机制的自我调节，通过行政手段实现的传媒产业在客观上未必能实现经济发展的效果，无法激发传媒经济的竞争力，再加上政策的偏向性，使不同媒介机构处于不公平的竞争状态之下，进而有损于媒介市场的良性发展。最后，行政力量主宰经济的方式使传媒产业的发展不是真正的市场行为，更多地是一种行政行为，而且还为人为制造资源稀缺提供了机会，为媒介寻租、权力滥用和政商合谋等腐败行为提供了滋生的温床。由此可见，我们理当改变“事无巨细、包揽一切”的全能政府观念，从有限政府理念重新认识政府，树立新型的政府职能观。

西方政治理论的发展起源于古希腊、古罗马时期的“有限政府”理念，这也是西方宪政主义一直秉承的逻辑起点。个人权利先于政府权力的“天赋人权”说、权利本位的政府“必恶论”、“守夜人”角色的经济自由主义构成了有限政府的理论基础。

---

① 胡正荣、李继东：“我国媒介规制变迁的制度困境及其意识形态根源”，《新闻大学》，2005年春，第7页。

从“天赋人权”说的角度分析，以霍布斯（Thomas Hobbes）、斯宾诺莎（Baruch de Spinoza）、洛克（John Locke）和卢梭（Jean－Jacques Rousseau）为代表的社会契约论者认为，人们进入政治社会以前是自然平等的，没有任何人具有高于他人的权力，为了脱离自然状态下的缺陷、实现更美好的生活，人们以让渡“平等、自由和执行权”[①] 为代价参加政治社会。因此，自然的个人是本源，政府是派生，个人的自然权利先于政府权力而存在，政府的一切权力都来源于个人权利的出让与集合，离开个人权利的政府权力是毫无根据的。正是基于这样的理论基础，霍布斯认为，政府的权力和职能范围不是无限的，也有其无法触及的领域，他主张将政府的权力限制在政治生活和国家安全的范围内，把经济领域留给市民阶级，为个人权利留下了足够的行使空间。

从政府“必恶论”的角度分析，政府官员在人性方面与普通人一样是以追求自身利益为目的的，如果对政府权力不加限制，在掌握更多资源和便利的条件下，政府官员就存在权力滥用、追求利益的危险。权力的滥用会导致腐败，权力腐败的必然结果是损害公民权利。“寻租理论”认为，政府也是追求自身利益的“理性经济人”，会人为地制造和寻求资源稀缺，一旦出现稀缺，寻租活动便有了它的温床，腐败也由此产生。荷兰哲学家斯宾诺莎认为，掌权者更易于谋取更大的私利，因此必须防范政府权力范围的无限制扩张，设计监督制度，防止权力滥用。可见，相对于个人权力而言，政府权力永远是一种“必要的恶”，不得不对其采取法治、监督和制衡等种种措施进行限制

① 洛克著，刘晓根编译：《政府论》，北京出版社 2007 年版，第 115 页。

和制约。

从经济自由主义角度分析，西方经济学界的古典自由主义者认为，在市场自由竞争的条件下，个人的经济行为可以自行完成社会利益，他们主张通过市场机制自发调节经济，反对人为干涉经济活动。古典自由主义的创始人亚当·斯密（Adam Smith）就以理性“经济人”为理论假设的出发点，认为在市场这只“看不见的手”的自然调节下，“经济人”会在经济活动中追求个人利益的最大化，而政府对私人经济活动的干预不仅是多余的，而且会对个人利益造成破坏。[①] 当然，古典自由主义者并非无政府主义的倡导者，他们并非一概反对政府的作用，相反，他们强调政府在经济领域中的“守夜人”职能，建议政府要为维护良好的市场环境提供必要的制度保障。

综上所述，有限政府理论中的“有限”包含以下三层意义：一是政府权力的有限，政府权力存在的目的就是更好地保障个人权利和公众福利，政府权力的范围绝不能扩张到个人权利和公众福利的需要范围之外；二是政府能力的有限，没有法律条文制约下的政府权力容易滋生权力滥用、权钱交易、以权谋私等腐败行为，再加上建立在人类有限智慧基础上的有限制度需要不断地完善，这些“先天不足”的因素都成为政府能力有限的根源。三是政府职能的有限，从政府干预和市场机制两者的关系来看，讨论政府职能有限的关键不在于如何缩小政府职能或缩小至何种程度与形式，其核心问题是如何适当地行使政府职能，在正确判断下确保政府干预的必要性。

关于有限政府理论基础的探讨，对我国媒介政府规制方面

---

① 亚当·斯密著，郭大力、王亚南译：《国富论》，上海三联书店2009年版。

的借鉴意义在于：政府对于媒介的规制管理是有限的，其主要职能是为媒介经济的发展提供适宜的博弈规则、良好的制度环境及健全的政策服务，避免行政手段对传媒经济的直接干预，减少政府的行政行为对媒介机构的市场行为的种种钳制，确保市场机制的有效运转；媒介政府规制的目标是基于传媒经济发展的多元化的，以经济效益带动社会效益的提高，最终以维护公共利益为目的。

二、媒介喉舌理论的单一

从媒介的属性功能分析，传播媒介具有经济属性和政治属性，不同的媒介认识论对这双重属性的侧重各不相同。在我国，由于长期政治斗争的历史经验，传播媒介的政治属性和宣传功能被一再放大，形成了中国特色的“党的喉舌”论，并逐渐成为指导我国媒介政府规制活动的核心理念之一。源自马克思主义新闻传播学观点的“喉舌论”强调媒介的政治工具角色，认为传播媒介是党、政府和人民的耳目喉舌，是无产阶级维护自身利益的工具和武器，而中国共产党是我国最广大人民利益的代表，因此媒介应该收归国有，并由党和政府代表广大人民进行管理。基于“喉舌论”的媒介规制理念，就是让媒介的宣传服从国家和社会的政治稳定和思想建设。这种规制理念从本质上说是重政治、轻经济，重宣传、轻产业，忽视了媒介市场经济的特性，带有非市场经济的特征，结果导致媒介因缺乏行为准则而在市场竞争中显示出一种无序的状态。在这种规制理念下的媒介市场运作效率很低，而经济效益低下则不利于其提高自身的社会效益。当下，我国正处于媒介融合的产业融合与市场融合过程中，这必然要求发挥媒介的经济属性和产业功能的

最大潜力和潜质。

从传媒产业的产品角度分析，传媒产业具有商品经济的特性，主要表现为规模效应和范围效应的发挥。媒介融合过程中所生产的产品都是信息高密集的产品，具有初始成本高、复制成本低的特点，因而在大量生产时能降低产品的平均成本，实现媒介融合的规模经济效益。同时，在媒介融合过程中衍生品的情况比比皆是，如一部电影或电视剧的成功带动了相关图书、游戏等产品的热卖，使企业实现多样化经营，并且在扩张经营范围过程中通过并购成就跨地区、跨媒体、跨行业的大媒体融合。从传媒产品实现的价值效果而言，传媒产业具有影响力经济的特性，“是作为资讯传播渠道而对其受众的社会认知、社会判断、社会决策及相关的社会行为所打上的属于自己的那种‘渠道烙印’”①。在媒介融合迅速发展的今天，新旧媒体的生存之道就是取长补短、融合彼此，利用新的传播方式和传播渠道实现融合媒体的影响力价值。与此同时，媒介融合正改变着既有的传播格局，产生了新的媒介环境与社会秩序，新的传播格局和媒介环境必然会对媒介的社会功能提出新的要求。可见，在新媒体快速发展的背景下，过去传统的媒介“喉舌论”已不能适应媒介融合的需要，亦不能作为单一的媒介规制理念来指导媒介政府规制行为，我们应重新反思对媒介的认识，树立适应时代发展要求的新规制理念。

古典新闻自由主义理论是随着17、18世纪资产阶级革命的释放而形成的。在对人性的看法上，古典新闻自由主义认为，每个人都拥有“通过自由交流信息寻求自己的幸福并取得成功”

① 喻国明：《影响力经济》，南方日报出版社2003年版，第3页。

的权利，这是人类自身最终的目的，也应是社会与国家的目标。在传播政策方面，古典新闻自由主义则主张在“观念的自由市场”中通过竞争实现“自我校正过程”，使正确的意见最终得到承认。[①] 因此，在对媒介功能与属性的解读上，古典新闻自由主义理论坚持认为媒介是公民自由表达思想的场所和工具，应当归私人所有，政府应当废止对新闻传播业的垄断和限制。

进入20世纪后，随着资产阶级从自由竞争向垄断阶段发展，古典自由主义在新闻传播实践中逐渐暴露出自身的理论缺陷和诸多现实问题，例如，报刊之间为了争夺客户和媒介市场，出于迎合广告商的需要，违背新闻真实性原则，以色情、凶杀、揭露个人隐私等低级趣味的内容来吸引读者，从而危害社会道德，等等。总之，“公共信息资源被少数人垄断，自由的意见市场不复存在，言论自由处于放任状态，生产和传播信息主要服务于商业利益而不是公共利益，从而侵害到其他权利主体”[②]。基于对新闻自由滥用的反思和矫正，意识到市场失灵、资本利益和社会福利三者间平衡关系的西方资产阶级新闻学者对古典新闻自由主义进行了修正，促使新闻社会责任理论的兴起。强调责任和权利的统一是社会责任理论的核心观点，它认为权利是伴随着责任和义务的，如果将新闻自由视为一种权利的话，同时也意味着承担相应的责任和义务。社会责任理论从政府、媒介和公众三者间的关系考察三方各自的责任和义务，认为政府可以通过法律条

① 陈力丹：“自由主义理论和社会责任论”，《当代传播》，2003年3月，第4页。

② 陈力丹：“自由主义理论和社会责任论”，《当代传播》，2003年3月，第4页。

文、行业政策等手段对媒介实施有控制的新闻自由，可以干预新闻传播活动，主张新闻媒介要为政治和经济服务的同时，也要对社会公众利益负责，提出了以客观性为原则的新闻专业主义精神和社会公共服务意识。

20世纪70年代以来，随着战后国家福利主义和凯恩斯主义经济政策的失败以及20世纪60年代末世界资本主义经济危机的爆发，新自由主义掀起了一场新的政治经济革命。作为一种治理术理论，新自由主义不再是亚当·斯密时代简单的“放任自由”和“市场先天有效”思想，而是“旨在把市场价值和关系推广到更广阔的社会和政治系统”。新自由主义在新闻传播领域的表现主要是“对政府规制媒介以维护公共利益进行反思，发觉现实中的政府机构及其成员常常追求自身组织目标或自身利益而忘却了公共利益”①，由此在报业和广播电视业掀起了一场放松市场准入、加强市场竞争、打破市场垄断的放松媒介规制变革。

综上所述，媒介规制理念在对媒介的认识方面，应当拓宽传统的单一“喉舌论”，结合媒介融合发展的需要，减少政府对传媒产业发展的行政钳制，大力发挥传播媒介的经济属性和产业功能，强调传媒经济的“经济论”、“产业论”和“生产力论”的“三论说”②，同时从社会公共服务意识出发，树立国家——媒介——社会三者和谐发展的全局观。

---

① 胡正荣、李继东：“我国媒介规制变迁的制度困境及其意识形态根源”，《新闻大学》，2005年春，第7页。

② 周鸿铎：《传媒经济学》，中国书籍出版社2011年版，第105～150页。

三、个人产权意识的缺失

洛克曾在《政府论》一书中指出，每个人都可以按照自己的意愿决定自身的人身和财产，无须听命于其他任何人的意志，每个独立的个人与生俱来便拥有自然权利，这就是天赋人权。所以，个人是本源，自然的个人先于任何形式的组织与社会而存在，任何形式的组织与社会都是个人为了保障自己的权力和利益而组成的人为机构。可见，在媒介规制理念上，如果抛开个人权利意识不谈，只谈对媒介和政府的认识，是无根无源、毫无意义的。

在洛克的学说中，对个人权利意识影响最深远的一方面就是对个人财产权的高度重视。洛克认为，人们从自然状态走入政治社会，在于保护他们的所有物，即生命、自由和财产，他“极力主张，未经本人同意，任何人无权从人民那里夺取他们财产的任何一部分”①。马克思曾指出：“人们奋斗所争取的一切，都同他的利益有关。”② 个人的财产权关系到个人的最根本利益，它是市场出现的前提条件，而对个人财产权的确定和保护便成为市场经济发展的根基。

总结中国改革开放30多年的历史不难发现，在社会主义市场经济发展过程中，个人财产权的意识和保护一直是匮乏的。直至2007年，随着《物权法》的通过与实施，对个人财产的保护才有了一定的法律依据。但是，基于以国家财产和集体财产

---

① 高建主编：《西方政治思想史》（第三卷），天津人民出版社2005年版，第298页。

② 《马克思恩格斯全集》（第1卷），人民出版社1956年版，第82页。

为中心构建起来的社会主义制度，即公有制的主体地位，《物权法》对处于主体地位的“公产”和非主体地位的“私产”进行了区别定位，导致对个人财产权的保护仍旧不明确。

个人的财产权在市场经济的企业层面表现为现代企业产权制度。产权制度是由国家提供的关于产权关系和产权规则的一种基础性的制度安排，是制度安排中最基本和最重要的正式约束。在我国，由于个人财产权意识的长期缺失和个人财产权保护的不明确，使人们对媒介产权的意识和概念同样模糊不清。随着我国文化体制改革的深入，媒介产权概念及其制度规定成为业界、学界及政府部门无法回避且亟待解决的核心问题。事实上，在我国媒介产业化发展过程中，媒介规制制度中的产权制度一直没有真正被触及。

改革开放前，我国报社、电台、电视台是依赖政府拨款生存的完全的事业单位，根本不存在媒介产权一说。随着改革开放的不断推进，我国传媒业开始实行“事业单位、企业化管理”的双轨制，在媒介产权制度方面也采取了计划经济时代的国有制形式，并一直沿用至今，直到现在，各地的报业集团和广播电视集团都自视为“事业单位集团”。这种国有制形式下的媒介资产当然归国家所有，如此具有社团产权性质的制度安排，使媒介产权的界定非常模糊，具体表现在以下两个方面。一方面，媒介产权的主体虚设，因为明晰的产权要求所有权必须是确定而且唯一的，虽然媒介产权的所有者是明确的（即归国家所有），但是对于国有媒介的内部成员来说，却无法确定拥有媒介产权的主体到底是谁。另一方面，媒介产权的所有权、控制权和收益权错综复杂，权力关系不匹配：作为党的舆论监管机构——宣传部并不注重对传媒机构的经济指标考核，只执行意

识形态方面的监管，在产权上宣传部与媒介机构没有任何关系，却拥有机构设立的批准权和人员任命的决定权；作为政府的传媒管理机构——国家广播电影电视总局和新闻出版总署对媒介经营和资产管理也有很大的控制权，甚至拥有资产的部分收益权；作为媒介国有资产的代管者——国务院国有资产监督管理委员会对媒介资产并不拥有经济学意义上的所有权、控制权和收益权，在此情形下，媒介产权的所有权、控制权和收益权在错综的关系中被模糊了。

当前，我国媒介产权界定的模糊不清已经对媒介融合的发展造成了严重阻碍。第一，模糊的产权界定使个人不用承担任何经营失败的后果，一定意义上这必然扼杀了个人的能动性、企业的竞争性和产业的创造力；第二，模糊的产权界定使媒介内部对所有权和经营权的划分存在模糊与忽视，不利于建立健全的法人治理结构；第三，模糊的产权界定导致媒介相互之间难以进行资源的优化配置与重新整合，尤其是跨媒介、跨地区的资源整合，必然涉及产权的隶属关系，从而影响媒介的跨业整合和跨地区经营在运行方式上的问题；第四，模糊的产权界定阻碍资本市场功能在媒介融合过程中的有效发挥，不利于媒介融资渠道的打通，不利于资本化运营的推进；第五，模糊的产权界定带来低效率的经济效益，降低了的媒介效益，使媒介减少或不向社会提供正外部性，进而造成媒介社会效益的弱化。

根据以上论述，个人产权意识的觉醒这一规制理念关系到媒介产权认识的明确，而媒介产权界定的清晰又与媒介规制的产权制度变革相联系，而且这种变革是以“降低交易成本、明晰产权归属、实施委托代理为理论原则的”①。

第二节 规制体制问题

改革开放前，我国政府对新闻传播等文化领域一直采取政府垄断的管理体制，传媒机构一贯是由政府直接管制，机构领导由政府直接任命，运营资金由政府直接拨款，盈亏也由政府负责。改革开放后，虽然我国的媒介机构逐渐获得一定程度上的经营自主权，成为市场竞争的主体，但是我国政府对传媒产业的规制一直摆脱不了行政隶属关系的影响，目前仍主要以行政手段直接干预和约束媒介机构的各种行为，很大程度上还带有计划经济管理体制延续的性质，导致规制体制方面存在许多问题。

一、“既事业又产业”的双重规制

从规制主体的角色定位分析，我国政府是出于双重角色对传媒事业和媒介产业行使规制权限，“一种角色是以公共服务为使命的政治性政府，另一种角色是以国有资产所有权管理者身份出现的经济性政府”②。也就是说，我国政府在媒介规制体制上实行的是一种“既事业、又产业”的双重规制③。这种“双重规制”意味着对媒介机构实施“事业单位企业化运营”的界

---

① 陈鹏、李彬：“媒介转企改制的产权理论分析”，《中国出版》，2011 年 01 月上，第 20 页。

② 朱春阳：“传媒产业规制：背景演变、国际经验与中国现实”，《西南民族大学学报（人文社科版）》，2008 年 03 月，总第 199 期，第 173 页。

③ 张志：“论广电业的政府规制”，《现代传播》，2004 年 2 月。

定：一方面通过行政隶属关系对媒介机构实施干预和约束，让媒介组织承担公共服务提供者的角色，另一方面通过市场化运作对媒介机构实施资金断粮，让媒介单位依照市场规律自主经营、自负盈亏，承担市场竞争主体的角色。我国政府这种向媒介机构既要社会效益又要经济效益的做法，不仅导致媒介机构双重角色功能的失调[①]，而且导致规制机构的法定独立性和外部公共监督的缺失，致使规制者官僚作风严重、政府工作效率低下、政企不分、管办合一，进而造成资源配置不佳、寻租腐败、规制失灵等一系列问题。

（一）媒介机构角色功能的双重失调

1. 市场效率受损。

从媒介政府规制“双轨制”的本意上说，传媒机构的“企业角色”和“经济性功能”是为了尽量淡化媒介产业和媒介市场中的政府干预，将政府主导下的行政指导企业的行为退位给市场规则引导下企业自主的市场竞争方式。但是，我国政府所实施的“事业单位企业化运营”的双重规制首先导致媒介市场效率受损。

第一，市场规则无效，媒介市场失灵。在这种双轨制的安排下，规制目标具有双重标准，一是市场的，二是政府的。然而，当两者发生矛盾时，市场规则经常让位给政府规制，被政府规制制约。具体地说，传媒企业在媒介市场的竞争中经常受到政治性政府“喉舌论”单一价值取向的限制，受到传统行政管理体制的束缚。当市场规则应当发挥作用时，政府规制却成

① 喻国明、戴元初，“羽化前的阵痛——2005 中国传媒产业‘关键词’”，《国际新闻界》，2006 年 1 月。

为市场经济发展的掣肘，造成传媒企业运营过程中市场机制的条件作用难以发挥，致使市场失灵，最终阻碍了媒介企业经济效益的提高。

第二，产权关系不明，市场发展受阻。媒介政府规制的双轨制使国内几十家大型媒介集团大多按照“事业单位企业化运营”的二元体制结构运行，媒介机构套上了“既事业、又企业”的二元体制枷锁。当前，不管是广播电视业还是报业，作为资产拥有者的国家和作为经营者的传媒单位法人，两者间的权利义务关系不明确，由此相应地带来了媒介集团与各子传媒公司之间产权关系的不明确，导致媒介市场主体的混沌不清。这不仅影响了传媒企业主观上的经营积极性，使媒介单纯依靠自身机械式发展，而且钳制了传媒企业自主权的发挥，媒介发展动力不足，最终影响了媒介机构的发展。此外，这种不明晰的产权关系还使一些媒介机构有机可乘，假借“事业单位”的旗号，通过政府的行政手段来谋划企业的经济利益，造成市场发展方面的不公平竞争。

2. 公共利益受损。

传媒机构的“事业角色”和“公益性功能”是为了保证公众福利和公共服务等社会效益的发挥，使媒介机构在公益中利用公共资源实现经济效益的有效循环。然而，媒介政府规制体制的双轨制导致媒介机构在履行社会效益的过程中“上有政策、下有对策”，两套办法并行，无形中损害了公共利益。两套办法并行是指各级政府在推行中央政策时有两套办法，表面上执行中央的政策，为社会主义和党的宣传事业服务，实际上对上级机关所规范的公共服务要求并不真心去执行，而是利用自身事业单位的特殊身份，甚至以牺牲公众利益为代价，谋划部门、地区甚至个人利益最大

化，以一副理所当然的架势罔顾社会公益。这实际上是对媒介政府规制的阳奉阴违，应对部门管理时说一套、做一套，致使许多利民政策在下达过程中层层折扣、级级走样。

（二）规制机构缺乏法定独立性与外部限制性

我国媒介规制体制的双轨制使政府部门既是“媒介政策的制定者和监督执行者”，又是“媒介具体业务的经营者”。政府部门与媒介机构之间这种直接利益关系致使政府对媒介机构的规制陷入了政企不分、管办合一的行政性垄断困境，而市场与行政力量的结合只会形成新的垄断，致使规制机构缺乏法定独立性和外部限制性。

1. 缺乏法定独立性。

规制者的权力源自法律的授予和保障，要想使规制机构对政策、规则的实施有强大的执行力，规制机构就必须具有法定的权威性和独立性，即规制机构的监管职能与政府部门的其他职能独立分离开来，减少政治或行政等因素对规制机构的影响，避免政府其他力量干扰规制机构依法公正地行使自己的职权，进而实现社会效益的最大化。虽然我国对传媒领域进行了事业与产业两部分的剥离，但是由于法定的、独立的规制机构缺失，导致对剥离后的传媒事业与媒介产业缺少清晰的界定和明确的划分，即哪些是作为传媒事业部分由政府管理的，哪些是作为媒介产业由市场解决的，这些问题缺乏清楚、统一的规定。

从规制内容方面来看，政府现存的这种政企不分、管办合一的行政性垄断使媒介规制更多地是放在“限制性的义务”而“非保障性的权利”上，致使很多媒介规制存在空白，如“目前涉及的广播电视、新闻出版方面的规制没有明确规定公民自由

传播的权利，缺少有效地保护公民的知情权、监督权和大众媒介的采访权、报道权的规定”①。

2. 缺乏外部限制性。

对规制机构设置外部限制性，意味着规范权力者的自身行为，这是现代法理的必然。因为政府规制失灵是一种客观存在的现象。规制经济学的创始人斯蒂格勒（George Joseph Stigler）通过“规制俘虏理论”告诉我们，政府规制失灵和政府规制政策是如影随形的，无论是在发达国家还是在发展中国家，凡是存在政府规制的国家和地区概莫能外。产生政府规制失灵的原因主要有两个：其一，从经济上看，政府部门存在的“不完全信息”和“不完全市场”决定了其有限理性；其二，从政治上看，政府所具有的公共性和政府部门、政府官员的行为目标之间存在差异和矛盾。一旦规制者被产业控制，变成可规制的既得利益者时，规制者就会制造更多的规则，利用政府赋予的合法权利来获得更多利益。

现阶段，我国对媒介政府规制的规范几乎为空白，不存在对规制权力的外部限制和公共监督。从我国媒介规制长期重视“人治”的现实来看，有些规制甚至就是某个会议上某位领导的一段讲话或一个招呼。从我国媒介政策一贯的发布程序来看，国内的媒介规制多是行政命令、部门条例、暂行办法，而正式的法律条文少之又少。这种“正式制度”供应不足、各种“潜规则”盛行都是源于规制机构外部限制性的缺失。

---

① 喻国明、苏林森：“中国媒介规制的发展、问题与未来方向”，《现代传播》，2010年第1期，第13页。

二、"条块分割"的多头管理

目前，我国对传媒事业和媒介产业的规制主要由三大政府部门负责：一是广播、电视、电影由国家广播电视电影总局负责；报纸、杂志、图书、音像等平面媒体由国家新闻出版总署管制；新兴的网络媒体和移动媒体归国家工业与信息化部监管。从政治性角度分析，这三家政府规制机构都受到中共中央宣传部的领导，统一监管全国新闻传播的舆论导向。[①] 从经济角度来看，传媒机构的广告业务主要是由国家工商行政管理部门负责。上述政府管理部门在地方上的分支机构又隶属各级政府直接管制，不独立于政府，这导致从中央到地方几乎所有涉及传媒和通信领域的规制机构都拥有媒介规制的权力。这种纵横交错、条块分割的多头管理体制不仅导致媒介市场分割，产业分立，跨地区、跨媒介、跨产业的资源整合困难，而且导致各自为政，管理混乱，部门利益、地方利益、行业利益矛盾冲突严峻，致使传媒产业无法完成"规模经济"和"范围经济"，阻碍了媒介融合的发展。

（一）市场分割，产业分立，资源整合困难

长期受计划经济和行政管制的影响，我国媒介机构依照行政级别和产业门类的划分形成了十分明显的纵横交错的"条块"状。横向来看，市场"块状"分割严重，按照行政级别形成了省（直辖市或自治区）、市和县的层次性市场，且不同范围的市

① 2013 年，国务院将新闻出版总局、广播电视总局的职责整合，组建国家新闻出版广播电影电视总局。

场区域界限分明，由各级地方政府独立管辖。纵向来看，产业“条状”分割显著，传媒和通信领域内的各个产业处于分化独立的状态，有着明显且清晰的产业边界，不仅媒介产业与电信产业之间界限明确，而且媒介产业内部报纸、期刊、广播、电视等各个子产业都具有各自相对独立的子系统，不同系统内的产业分门别类地隶属不同管理部门垂直管制，如广播、电视、电影隶属广播电视系统，报纸、杂志、图书、音像等隶属出版系统，文化艺术事业隶属文化系统。

在媒介融合的作用下，各个媒介企业或传媒集团的业务范围开始逐渐由交叉向融合发展，以前清晰的企业组织边界渐渐模糊。相应地，各个企业之间的市场边界也逐渐模糊，原来相对独立的产业之间有了更多的联系。在技术共享和业务融合的基础上，不仅传媒领域内各个子产业之间的边界逐渐消失，而且传媒产业与通信产业之间的边界也日趋模糊，向横向分层的产业结构发展，并在新价值链的作用下重新塑造市场格局。媒介融合推动下的产业融合不仅是传媒产业与通信产业之间充分合作、共同开发资源、丰富生产的契机，也是传媒产业内部打破行政与地域条块分割、实现资源优化配置的契机。

然而，现行的纵横交错、条块分割的多头体制仍然是按照过去纵向分立的产业结构对传媒领域进行规制，致使媒介融合中地区壁垒和媒体壁垒高筑，行业藩篱众多，媒介市场条块分割严重，降低了市场的集中度，制约着传媒资源的调度整合与优化配置，进而影响到传媒产业规模经济和范围经济的实现，限制了媒介融合的发展。

（二）政出多门，各自为政，保护主义盛行

目前，我国媒介规制的体制结构是“条块结合，以块为主”。也就是说，各级传媒机构既要接受同一体系内上级媒介管理机构的监管，也要接受本级地方政府的管制，而由本级地方政府权限下的管理部门构成的“块状”规制权力要比由同一体系内的媒介管理机构组成的“条状”规制权力大得多。“多头管理”体制这一计划体制的后遗症致使政出多门，媒介管理混乱，规制机构各自为政，利益冲突严重，部门保护主义和地方保护主义盛行，对跨地区发展、跨行业经营和跨产业融合造成了难以逾越的鸿沟，严重阻碍了媒介融合的发展步伐。

首先，从横向来看，各地方政府竭力保护自己辖区内的媒介机构的利益，因为保护自己属地内的媒介利益，也就是为地方政府谋求利益，保护了地方利益。在地方利益的驱动下，地方政府很可能对媒介企业的不良行径，甚至违法行为听之任之。由于在我国条块分割、各自为政的多头管理体制中又是以块为主，缺乏外部限制且规制权力较大的地方政府对中央政策未必真正实行，有时甚至唱反调，这为地方保护主义提供了制度漏洞。如2002年年底上海文广传媒集团计划与宁夏卫视进行战略合作，即借用宁夏卫视的“星壳”承载传播上海电视台的财经频道和体育频道，而宁夏电视台的上级主管单位坚决反对，致使双方的联盟计划一度暂停，后来宁夏卫视当时的负责人顶住压力，坚持签订合作协议，但回到宁夏后就遭到免职处分。①

① 邵奇、张健：“省级广播电视集团跨地域经营策略探析——解读上海文广2003年跨地域经营的三大攻略”，《新闻传播》，2004年第12期。

其次，从纵向来看，不同的媒介管理部门各有自己的利益诉求，由于不同利益主体的出发点不同，各部门之间利益冲突不断，导致我国媒介规制政策的制定和执行困难重重，造成媒介管理上互不协调、相互推诿、画地为牢，甚至互相矛盾、彼此掣肘，以致规制体系发生分裂，法律管制出现空隙，易于为人为设租、寻租等腐败行为提供可乘之机。如在“三网融合”的发展问题上，国家广播电视总局作为全国广播电影电视业的最高业务主管部门，应该从国家“文化产业大繁荣大发展”的全局出发，为推进“三网融合”提供尽可能的政策支持。然而事实上，国家广播电视总局为数字机顶盒的推广等一己私利，限制电信企业进入电视媒体市场，阻碍了“三网融合”的进程。

三、“权力专属”的行政垄断

媒介的政府规制体制应当是一个与现实产业格局和传播格局相符合并且不断互动演化的系统。显然，我国现行的规制体制是对应于过去原有的现实格局，即按照行政区域划分的“块状”市场格局，以媒介形态和媒介业务进行纵向分立的产业格局，以及“新闻传播系统作为行政体系的一部分参与社会活动”[①] 的传播格局。与此相对应的，我国现行的规制体制是一个行政专属、权力专享的垄断系统，即行政垄断体制，主要以政治力量和行政权力为基础，通过行政级别的划分实现市场的地区垄断；通过产权国有、行政化管理方式实行行业垄断；通过内容审读、宣传喉舌化实施传播话语权垄断。然而，媒介融合

① 朱春阳：“媒介融合规制研究的反思：中国面向与核心议题”，《国际新闻界》，2009年06月，第26页。

正改变着原有的产业格局和传播格局，现行的“行政垄断式”规制体制已经不适应新格局的发展要求，严重阻碍了传媒和通信领域的融合发展。在媒介融合的发展过程中，中国的“行政垄断式”规制体制带来的问题主要如下：

第一，行政垄断致使市场准入条件苛刻，阻碍了横向一体化市场结构的发展。长期以来，我国传媒领域一直受到行政力量的控制，媒介资源调配行政化，业务发展层层审批制，造就了传媒业的垄断性、事业化的发展模式。传媒业的垄断发展模式致使媒介市场的准入门槛高，不仅抑制了传媒与通信产业从原来的纵向分立向横向融合裂变的进程，而且干扰了横向市场结构的塑造。

第二，行政垄断导致产业融合壁垒过高，这种壁垒在频道资源的开发和运营方面尤为突出。在频道资源方面，由于产业环节上的区别性准入政策设置的人为限制，系统外的经营力量仍然不允许进入，导致电信业难以进入传媒领域，融合壁垒过高。例如，在新型增量电视媒体的发展方面，虽然手机电视、楼宇电视和车载电视等新媒体全面发展，民间力量也积极介入传统电视领域的内容制作方面，但是广播电视系统通过控制IPTV运营牌照的发放权，垄断了电视媒体的运营权，牢牢地钳制住电信业进军电视媒体的路径，致使媒介融合难以进展。

第三，行政垄断阻挠了产业融合进程中的广泛竞争。在产业融合过程中，基于共同的技术基础、互通的传输平台，传媒产业与通信产业之间出现了广泛的市场竞争。但是，行政垄断式规制体制致使市场竞争不充分，各产业市场规模偏小，导致传媒与通信业融合的市场空间偏小，无法形成对媒介融合进一步发展的容纳和支撑，导致传媒和通信领域的融合难以吸引技

术、资本、人才等要素资源。

第四，行政垄断的传播话语权“中心化”与新媒体技术支持下的传播权力“去中心化”之间的矛盾显著。新媒体技术的进步使信息传播活动在一个跨形态、跨区域的复合社会空间内进行成为现实。这一变化消解了传播话语权“中心化”的现实基础，使不同传播主体从综合素质方面展开传播话语权的全面竞争，弱化了行政体系下的政府传播权力的“专享性”和“专属性”，使其主导性和影响力逐渐消减，进而形成了“去中心化”趋势。“去中心化”趋势对政府规制体制提出了变革要求：从以“权力专属”为主导价值的垄断式管理模式向以“竞争与合作”为主导价值的对话式管理模式转变。①

第三节　规制机制问题

“机制”是指以一定的运作方式把事物的各个部分联系起来并使它们协调运行的过程和方式。媒介政府规制的机制主要是指政府通过制定和修改与媒介相关的法律法规、政策规章来规范和指导媒介行为，即规制立法机制；通过设立和运行规制机构来实施和监督媒介规范，即规制执行机制；通过设置和运作独立的监管部门来监督和测评规制者的行为，即规制监测机制。笔者主要从机制运行的规制立法过程、规制执行过程和规制监督过程三个方面来考察规制机制存在的各种问题。

① 黄河：“数字化如何改变传媒——聚焦数字化的四大力量”，《国际新闻界》，2009年02月，第88页。

一、规制立法机制不科学

在制度经济学理论中，政府对经济运行的介入存在两种方式，一是通过宏观调控，即宏观调控政策的制定与执行，二是通过微观规制，即依据相关法律法规对微观经济行为主体的活动进行直接规范和约束。可见，法律法规和政策规章对具体产业和行业来说必不可少。推而广之，在传媒产业领域，媒介政府规制同样依赖于法律法规和政策规章的制定与健全。

（一）立法程序不透明

在政府微观规制行为中，立法科学是政府规制权威化的保障，而立法科学化的核心在于立法程序的透明化。在规制立法的过程中，必然涉及多方面力量的博弈，必定要求相关利益主体都到场参加立法会议，其中既包括规制的立法机构和执行机构，也包括被规制者和消费者，由各方代表就相关问题充分发表自己的意见，在各利益主体的互动辩驳中达成一致意见，完成法律的制定，实现各方利益均衡。[①] 这便是科学化要求下的程序透明的规制立法。

但是在我国常常存在规制立法不公开、不透明现象。一般情况下，被规制者经常被排除在立法过程之外，无法参加相关的立法听证，甚至还被剥夺知情权，处于信息严重不对称状态。[②] 如广播电视的法规管理部门在其立法程序的规定中，没有

---

① 李郁芳：《体制转轨事情的政府微观规制行为》，经济科学出版社 2002 年版，第 114 ~ 115 页。

② 李郁芳：《体制转轨事情的政府微观规制行为》，经济科学出版社 2002 年版，第 115 页。

提供“公众和社会群体参与、辩论和监督的‘听证’机会”，只规定了“内部工作的技术性程序”，这意味着公共政策和行业法规并非出自“公共程序”，而完全是在“系统内”“体制内”完成的。[①] 正是由于这种不公开、不透明的规制立法，导致很多缺乏民意基础和未经反复辩论的政策法规的产生。如此这般产生的法规规则不仅缺少应有的权威性、可信度和公众认同感，而且规则自身的实效性弱、操作性差，最终导致政策法规朝令夕改，使政府的执政信誉受损。如2004年年底国家广播电影电视总局曾以颁布44号令（《中外合资、合作广播电视节目制作经营企业管理暂行规定》）轰动传媒业，但是仅隔几个月，国家广播电影电视总局又陆续颁布了相关事宜通知和管理规定，一步步地收缩了合资、合作经营和制作广播电视节目政策，直至半年后完全退回到44号令颁布前的状态，使已和默多克新闻集团合作的青海卫视不得不改回原来的模样。

（二）法规内容多缺漏

在中国新闻传播领域的现实情景中，媒介规制者无法有效地对媒介活动进行管理，很多时候是因为法律法规的缺位，使媒介规制者要么无法可依，要么所依据的政策法规存在缺陷，对媒介行为的规范无法做到有效而全面的规制。

首先，传媒业缺少具有国家法高度的专门性法律规范。众所周知，在中国传媒领域中效力最高的文件通常是那些由国务院制定的行政条例和管理规定，即指令性条文，如《报纸管理

① 郭镇之，“广播电视与法制管理——兼论建立中国广播电视的内容标准”，《新闻与传播评论》，2003年，第136页。

暂行规定》《出版管理条例》《广播电视管理条例》《互联网管理条例》等，缺少类似“新闻法”“出版法”“广播电影电视法”“新媒体法”等上升到国家法高度、具有恒定性、分门别类的专门法，使规制者在管理过程中基本上只能依据各自相关部门制定的各种行政意见、行政命令、行政措施、行政规章等临时性条例和内部通知，甚至只依据党和国家领导人的讲话及相关文件进行媒介规制。尤其是在传媒业进入市场之后，市场竞争的参与者具有不依附于国家行政机关的独立地位，在缺失国家法高度的传媒法律的情况下，规制部门只能以行政命令的手段对媒介活动加以规制。

其次，媒介规制所依据的政策法规和管理条例充满漏洞且操作性差。虽然在中国，传媒领域的政策法规也有不少，但是这些司法条文含糊不清，内容不明确、不严谨，存在各种缺失，容易让人钻空子。而那些临时性的规章条例和内部通知文件分量又不足，内容漏洞更严重，导致这些条文稳定性差，难以保证规制的权威和规范的完善。

二、规制执行机制不规范

诺思在研究俄罗斯制度变迁问题时曾指出：“许多正式规则都发生了变化，但是却不存在一个与这些正式规则相一致的实施机制以及相应改变了的行为习惯，从而产生了较大的混乱并导致了今天的这种局面。”① 这种判断对正处在制度转型期的中国媒介融合规制执行的现实困境具有重要的借鉴意义。具体而

① 科斯、诺思、威廉姆森等著：《制度、契约与组织——从新制度经济学角度的透视》，经济科学出版社 2003 年版，第 17 页。

言，当不规范的规制执行机制无法迅速准确地把握媒介融合发展的现实需求，或明显滞后于媒介发展新形态时，变革规制执行模式就变得刻不容缓。

（一）规制权力部门化：各自为政，执行随意，服务缺失

正如前文所述，长期以来，中国的媒介政府规制体制采用的是计划经济体制下的“条块分割、以块为主”的多头结构。在这种体制结构下，媒介政府规制的管理权力必然会分解给多个部门，造成规制权力部门化。目前，国内对新旧媒体的政府规制在中央层面上主要涉及新闻出版总署、广播电视总局、工信部、文化部、宣传部、国家版权局、国家工商行政总局、公安部等多个部门。这种“政出多门”的现状导致规制执行出现诸多问题，使媒介政府规制政策必须依靠行政指令的三令五申和反复推行才能奏效，降低了规制政策的执行效率，增加了政府规制的制度成本。

第一，部门化的规制权力各自为政，协调困难。多头规制必然引发多头关系的协调问题。每个管理部门都有各自的管理目标、游戏规则、行事方式及利益诉求，这必然导致规制执行过程中部门之间各自为政、各成体系，不利于统一的规制执行体系的形成，容易造成规制执行情况的“区别化”和效果的“差异化”。尤其是在面对新媒体技术革命带来的媒介融合时，一个新媒体产业、多个管理部门的协调问题便成为规制执行的一大困难。中国在推行“三网融合”问题上一直给予高度重视并持续了十多年，然而直到2010年才有了实质性进展，但实际效果并非如想象的那么理想，其根源之一就是涉及的管理部门较多，难以协调各方利益，部门之间相互推诿。

第二，部门化的规制权力盛行人治，造成法治弱化，规制执行随意。目前，中国虽然正处在依法执政的转轨时期，但是就传媒产业而言，长期以来一直实行的是富有弹性的人治化方式，主要表现在用意识形态和宣传纪律代替传媒法律法规作为媒介规制的常规手段。这种人治化规制方式导致法治弱化，执行随意，缺乏权威性、稳定性和连续性，主要表现在以下几个方面：一是规制执行缺乏法律的强效性，由于许多规制的制定主要来自于管理部门领导官员的主观意志和个人意见，导致规制执行缺乏法律依据，多数依靠人为力量去强力推行，而“有的法”却不依，导致无法可依和有法不依现象并存；二是执行手段匮乏，主要是以行业管理部门的行政手段为主，法制手段不完善，市场手段不具备，造成行政权力越位与市场作用缺位现象并存，也正是由于行政干预过多，导致规制执行过程中“朝令夕改”“变通更改政策”“上有政策下有对策”等现象屡见不鲜。

第三，部门化的规制权力奉行管制为主，缺乏服务意识，忽视市场发展的战略需求。由于中国一贯奉行全能政府的管理理念和行政权力优先的管理方式，导致行政主体凌驾于社会之上这种不平等现象产生。这种管制为主、服务缺失的规制执行引发了诸多问题，主要表现在以下几个方面：第一，规制双方关系失衡，在政府主导和政府统筹的规制理念的强势支配之下，规制机构对传媒产业的规制权力过于强大，而媒介机构作为规制对象，其权利过于弱小，造成规制过程中规制者与被规制者的不对等状态；第二，规制目标只注重管制而忽视发展，由于片面强调规制机构的管理权力和规制对象的责任义务，过分忽视规制主体的责任义务和规制客体的权力保障，导致规制目标只有管制，没有服务于市场的发展战略目标；第三，管制权力

越位，规制权力过多干预削弱了媒介机构的自主权，扼杀了媒介机构的创新精神，甚至剥夺了传媒企业作为市场主体的正常权力，严重损害了媒介产业的经济效益和社会效益。

（二）规制权力利益化：权力膨胀，规制不公，滋生腐败

所谓“部门利益”，是指“行政部门的行政行为偏离了‘公共利益’导向，以追求部门自身局部利益的形式变相地实现个人利益”[①]。“部门权力利益化”是中国行政管理体制从以计划经济为基础向适应社会主义市场经济发展需要转型的过程中必须解决的首要问题。“部门权力利益化”的危害是显著的，它不仅违背了政府部门公共服务的宗旨，与行政部门的公共性完全对立，而且极大地削弱了行政管理工作的效率，甚至严重损害了政府部门的权威形象。“部门权力利益化”造成的直接结果是：

第一，规制权力利益化膨胀了部门的权力欲望，导致规制过度、束缚过多。规制越多，权力就越大；权力越大，获利便越多。依此逻辑，出于部门利益考虑，规制机构就会制造更多的机会和理由来不断地增加各种规制，以此扩大政府赋予它们的合法权利。循环往复，内生的规制权力的扩大又会导致规制过多、执行过度，限制了媒介组织的自主权和创造力，进而导致传媒经济的发展过分依赖政府部门的管理。1998 年年初，广播电影电视部发布了《关于不再执行广播电影电视行政规章和规范性文件中部分行政处罚规定的通知》（广发法字〔1998〕12

① 宋世明：“遏制‘部门职权利益化’趋向的制度设计”，《中国行政管理》，2002 年第 5 期，第 14 页。

号)，对广播电影电视部颁布的行政规章及规范性文件中所规定的关于行政处罚的条款进行了清理，共废除了64项超出行政法规规定的处罚幅度或种类，以及没有行政法规依据的行政处罚条款。[①] 这些被清除和停止执行的行政处罚条款正是规制过多、执行过度的最好佐证。另外，当规制范围越广泛，规制项目越琐碎，政府规制部门的规模就会越庞大，制定各种规章条例的多项行政支出和管理费用，如审查费用、监督费用、信息费用以及制裁费用等也会不断地上升，进而增加规制成本。

第二，规制权力利益化导致规制机构出于部门利益考虑而对被规制者采取歧视性规制，甚至出现“政企联盟”，进而丧失了规制的公正性。由于目前中国传媒产业的管理部门是按照行业分立形态进行分业规制的，与利益纠葛在一起的管理部门成为特殊利益集团和自己所属传媒机构的代表，导致规制一开始便丧失了中立和公平，在规制对象方面造成规制歧视，尤其是对传媒民营企业和新媒体组织采取不公平对待。

第三，规制权力利益化易使规制者成为规制俘虏，成为媒介机构寻租、权力滥用和政商合谋等腐败行为滋生的温床。有甚者，一些规制机构作为媒介行业的直接管理者，不独立于传媒企业和媒介组织，以部门利益和企业利益为先，在规制执行过程中“政企合谋”，置媒介消费者的利益于不顾。正如斯蒂格勒（George J. Stigler）所指出的：“管制过程在某些方面通常有利于受管制产业，当条件有利于该产业（不利于局外人）时，

① http：//rti. cn/info. asp？ id = 20010424a00040005。

该产业是管制过程的主要获利者。”① 以自我利益为中心的管理部门容易被传媒产业所俘虏，进而滋生媒介寻租、权力滥用和政商合谋等腐败行为。

三、规制监测机制不健全

长期以来，中国的媒介规制机构是集立法与行政、执法与监督于一体的，再加上一贯奉行的“全能政府”规制理念片面强调规制机构的管理权，忽视规制主体的责任和义务，造成规制权力缺乏外部约束和监督，规制效果缺少第三方的检查与测评，更加没有追究规制失误的问责机制。

（一）监督机制不完善

众所周知，中国传媒产业的监督机制主要是由规制机构的上级部门直接执行的，以上级管理部门的监督检查为主，这实际上是一种内部监督行为。由于部门利益的密切相关性和人事关系的直接瓜葛，上述这种内部监督事实上很难真正发挥作用。何况，下级部门的规制执行原本就是秉承了上级部门的指示和命令进行的，如此一来，上级对下级的这种监督检查更是有名无实的形式主义而已。这是中国媒介监督机制面临的一大难题。目前，中国广播电视业和电信业的规制与监督部门统一，同是政府的行政管理部门，极大地受政府政策的影响，无法独立运行监督机制。监督机制要取得良好的成效，不仅需要完善的内部监督，更需要严密且科学的外部监督。但是，目前中国并不存在针对规制者的完

① G.J. 施蒂格勒著，潘振民译：《产业组织和政府管制》，上海三联书店、上海人民出版社 1996 年版，第238 页。

善的外部监督机制，导致规制者容易滥用“自由裁量权”，造成“行政不作为”“有法不依”“执法不严”“随心所欲干涉市场”等恶果，甚至为人为设租、寻租等腐败行为创造了条件。考察西方国家实行规制监督的做法，不难发现各国都建立了独立和公平的监督机构，如美国的联邦通信委员会（FCC）、英国的通信管理局（OFCOM）和法国的视听最高委员会（CSA），都是独立于政府的对广播电视和电信政策实施监督的机构。又如日本的邮政省设立了两个下属机构，电波监理审议会和信息通信审议会，专门负责与电波规制和广播电视规制相关的调查和审议，并且它们对总务大臣及其直属厅局的规制活动具有独立的监督权力。这些国家设立独立且统一的监督机构的做法，对我们设置严密且科学的外部监督机制具有一定的借鉴意义。

（二）测评机制和问责机制缺失

规制测评机制（assessment system）是指对规制带来的或可能带来的正面与负面的影响和效果进行评估的一种检测制度，说到底就是一个是否可行、如何可行的问题。规制问责机制（accountability system）是指对“问责主体”即规制者实施要求其承担规制失误和规制执行的否定性后果的一种责任追究制度，简言之，就是一个谁来问责、向谁负责的问题。到目前为止，中国尚未设立达到中央一级独立层面的具有统一性和系统化的媒介规制测评机制和问责机制，当然更不用提可以达到法律效力层面的测评机制和问责机制。媒介规制的测评机制和问责机制不仅针对规制执行过程，对规制立法过程而言同样也很需要。在中国，这两种机制的缺失很大程度上影响了媒介融合规制变革的科学性和可行性，延缓了媒介融合的进程，甚至导致规制变革的失误。

中国媒介融合规制问题的理论分析

“对那些力图以一种范式来解释社会生活的人不利的是，信息的全球性流通永远会使主体偏离中心。理论能成为我们唯一的关注点，这主要看这一理论能否使某些社会过程更加清楚明了。理论发展与社会实践应力求维系一种对话关系，这种关系应向这两个领域内的诸种新思潮保持学术上的开放性。”

——［英］尼克·史蒂文森（Nick Stevenson），《认识媒介文化——社会理论与大众传播》

“在我看来，社会世界的一切方面都是发展变化的，因而，把‘结构’与形成、维持或者改变此结构的作用力割裂开来是不明智的。因为人类社会组织的理论必须包括‘作用力’的概念化，这些作用力依据其价值和相互作用，形成和维持着结构及当时的文化符号系统，或者相反改变这些方面。一种宏观层次的理论同时就是一种有关稳定性与变迁或结构与过程的理论。”

——［美］乔纳森·H. 特纳（Jonathan H. Turner），《社会宏观动力学：探求人类组织的理论》

第一节　意识形态的作用分析

自从法国哲学家、经济学家特拉西（Destutt de Tracy）于19世纪初在《意识形态概论》一书中创造了“意识形态”一词之后，“意识形态”这个概念几乎成为社会学科中内涵最丰富、定义最复杂、争辩最激烈的学术概念之一。马克思在《德意志意识形态》一书中对资产阶级意识形态的全面剖析和深入批判，使意识形态的概念和影响深入人心，并引起了广泛重视。新制度经济学把有效的制度安排分为正式制度、非正式制度和实施

机制，其中，非正式制度的核心就是“意识形态”。依据“制度变迁理论”创始人道格拉斯·诺思的理论观点，“信仰转变为制度，制度转变为经济的演进方式”①，换句话说，制度就是某种信仰、观念、理念的外化或客观化，而随着观念、理念等意识形态的转变，必将对规制、体制和制度等带来影响。意识形态的作用分析主要是探寻意识形态在媒介融合规制变革中的作用机制和影响范围。

一、意识形态的概念内涵

关于“意识形态”概念内涵的解释呈多元化特征。经典意识形态理论家从“真—假”二元对立维度出发，对意识形态的概念一方面做出“虚假”意识的界定，另一方面进行“肯定”的解释。在社会学视野中，存在超越意识形态传统二元对立观点的另一种中立解释，“从社会学角度研究意识形态……可以赋予它中性色彩”②。这使意识形态的概念内涵发生了变化，向多维度深入拓展。英国剑桥大学哲学教授莱蒙德·盖茨（Raymond Geuss）将意识形态的概念内涵归纳为“否定意义的意识形态”、“肯定意义的意识形态”和“描述意义的意识形态”三种具有不同意义的内容。

莱蒙德·盖茨的“否定意义的意识形态”与“肯定意义的意识形态”正是建立在“真—假”二元对立之上的经典意识形态理论：前者将意识形态看作一种“虚假的意识”“欺骗性的幻

① 道格拉斯·C. 诺思著：《对制度的理解》，经济科学出版社 1994 年版，第 18 页。

② 季广茂：《意识形态》，广西师范大学出版社 2005 年版，第 29 页。

象”，这是经典的马克思主义意识形态概念，总体上是在否定层面研究意识形态的，旨在揭露资产阶级意识形态的颠倒虚幻；后者对意识形态的内容和价值进行肯定的解释，认为它能正确反映社会存在的本质以及存在和意识的关系，如列宁在使用意识形态时认为，“意识形态并不都是一种虚假意识”，指出作为无产阶级自己的意识形态——马克思主义就是一种科学的意识形态，对无产阶级具有重要的指导意义。又如卢卡奇（Georg Lukacs）和葛兰西（Antonio Gramsci）作为早期西方马克思主义者，从政治范畴的马克思阶级意识形态理论出发，也在肯定意义上使用意识形态概念。莱蒙德·盖茨的“描述意义的意识形态”则是一种社会学理论中价值中立的意识形态观，认为每个人在对意识形态进行客观研究时首先必须保证自己所属阶级立场的公正性，正如马克斯·韦伯（Max Weber）曾经指出的，对待事物，我们只应做客观的描述，而尽量避免任何主观价值的涉入，即以一种价值中立的客观立场来研究意识形态。坚持韦伯的“价值中立”原则并重新诠释马克思的“虚假意识”理论的德国社会学家卡尔·曼海姆（Karl Mannheim）用知识社会学诠释了意识形态的真假问题，将意识形态的概念界定为“群体意识形态”[①]，认为意识形态存在两种类型，一种是特别概念的特殊意识形态，另一种是总体概念的总体意识形态。当特殊意识形态上升为总体意识形态时，就演变为知识社会学。[②]

批判学派视野下的意识形态更多地关注不同于政治的社会

① 卡尔·曼海姆：《意识形态与乌托邦》，商务印书馆2000年版，第59页。

② 卡尔·曼海姆：《意识形态与乌托邦》，商务印书馆2000年版，第55～57页。

文化领域。众所周知，意识形态研究在其产生后的很长一段时间内一直与阶级斗争相联系，具有浓厚的政治色彩。然而，当意识形态研究进入社会学视域后，意识形态的研究逐渐从政治领域转向文化与生活领域。其中，法兰克福学派将批判社会学的意识形态研究推向新的高峰，他们认为，现代发达工业社会中的文化生活的方方面面都具有意识形态的特征，意识形态的内涵已呈现复杂化，主要包括社会学旨趣中的消费、心理、文化、休假、传媒、娱乐与性等方面内容。霍克海姆（Max Horkheimer）和阿多诺（Theoder W. Adorno）在《启蒙的辩证法》一书中首次将社会文化的意识形态化置于“文化工业”概念下进行分析，主张抵制文化在晚期资本主义社会的商品化。马尔库塞（Herbert Marcuse）则在《单向度的人》一书中批判了第二次世界大战后西方社会中的文化艺术、社会心理等文化领域，认为资本主义文化作为一种意识形态压抑了人们内心的各种合理愿望，限制了人们的自由。

在新制度经济学理论中，意识形态是一种降低交易成本的制度安排，也是一种通过伦理道德的力量避免“搭便车”问题，以使社会稳定的制度形态。作为新制度经济学理论中非正式制度的意识形态比较偏重心理文化层面。诺思认为，“意识形态”是指一整套习惯、准则和行为规范的协调，其具体内涵主要包括与理性紧密相关的道德和伦理，它的重要作用在于借助内化的文化价值增强人们行为的预见性，并使收益最大化。[①] 新制度经济学视野中的意识形态具有以下三个特征：“①意识形态是种

① 道格拉斯 C. 诺思著，陈郁、罗华平译：《经济史中的结构与变迁》，上海人民出版社 1994 年版。

节约机制，人们通过它认识了自身所处的环境，并被一种世界观导引，从而使决策过程简单明了；②意识形态会不可避免地与个人在观察世界时对公正所持的道德、伦理判断纠缠在一起；③当人们的经验与其思想不相符时，他们就会改变其意识观点，试图发展一套更适合于他们经验的新的理性。”[①]

借鉴张旭昆在其《制度演化分析导论》一书中关于意识形态的定义，笔者将意识形态视作“信念的体系”，本书所说的“意识形态”是宽泛层面的术语，是一种具有中立色彩的“观念体系”和“认知体系”，不涉及阶级分析和立场判断，其内容不仅包括传统的媒介观念，还包括规制变革过程中涉及的国家理念。其中，“媒介观念”是指一种关于媒介的事实判断和价值判断的认知总和，即在规制过程中媒介应是什么样的。国家理念主要是指一种关于国家与社会的事实判断和价值判断的认知总和，即国家应是什么、什么样的政府是有利于媒介发展的、媒介规制下的社会发展前景和最终目标是什么样的，等等。

二、意识形态的作用途径

在阐述意识形态对媒介融合规制变革的作用途径之前，首先必须认识意识形态在规制制度变迁中的作用。张旭昆指出，“意识形态的变化是引起制度演化的一个重要方式，它改变人们对一些带有抽象性质的基础制度的理解和诠释”[②]。制度变迁理论认为，意识形态对制度变迁的重要性，首要原因在于它具有

---

① 道格拉斯·C. 诺思著，陈郁、罗华平译：《经济史中的结构与变迁》，上海人民出版社 1994 年版，第 52～54 页。

② 张旭昆：《制度演化分析导论》，浙江大学出版社 2007 年版，第 346 页。

降低交易成本的作用，它主要是通过一系列观念的事实判断和价值判断完成的。第一，意识形态为制度变迁起了先导作用，在正式制度的“边际”，人们是按照非正式制度的习惯（意识形态）来行事的，在边际上的连续变革引起了正式制度的变迁，对旧制度的改革只能从原有习惯的边际开始。第二，意识形态中的事实判断以“知识”和“文化遗产”的方式为制度变迁提供了客观知识与客观规律的选择，提高了制度变迁过程中所需的认知水平，节约了个人进行决策的时间与精力，大大降低了决策成本。第三，意识形态的价值判断以优劣、好坏的主观判断方式，使合作或博弈的主体统一思想、消解内部分歧，就规则方面形成共识，节省了人们达成均衡解的时间与成本。

从博弈参与者主观认知的角度考量，日本制度理论学家青木昌彦认为，当博弈参与者有限的主观认知处于一般均衡状态时，人们是不会采取任何行动去修正来自过去经验的那些知识的，博弈参与者的主观认知模型也不会发生改变。但是，当客观环境或认知内部出现重大变化或问题时，博弈参与者的主观认知模型处于严重失衡状态，使参与者对自身已有的主观认知进行修改，而既有制度被视作束缚的因素时，制度也就随之被不断地改革和重塑。可见，意识形态对规制制度变迁产生作用的过程就是主观认知模型不断修正、改善和最终完结于共同表征系统的过程。

当然，意识形态既能成为降低交易成本、促进制度变迁的有利因素，也可以成为阻碍、抵制甚至扭曲制度演化的不利因素，尤其是那些作为既得利益代表的观念和认知，总是会对一些因认知发展而引发的新制度萌芽采取抑制或扭曲的作用，这好比“思想解放”的不易，总会受到既有的传统意识形态的抵

制和束缚，从而将这种阻碍力量传导至制度的演变实践上。这就是制度的演化和变迁总是伴随着思想观念在一定程度上的解放和突破的原因。

那么，这种对规制制度变迁产生作用的意识形态是从何而来、如何形成的呢？诺思与但泽（A. T. Denzau）于1994年合作的论文“共享心智模型：意识形态和制度”中指出，“具有相同文化背景和经历的个人将会共享合理收敛的心智模型（mental models），并因此可以更好地交流和分享知识，新的经验不断地重新确定心智模型，其过程包括概括（generalize）、推理（reason）和类推（analogy）”。蒙扎维诺思（Mentzavinos）和沙瑞克（Syed Shariq）进一步发展了诺思和但泽的理论，他们认为：学习分为个人学习与社会学习两个层次。个人学习是“个人心智模型”在收到环境反馈后复杂的修正机制或过程，当环境反馈多次增强同一心智模型时，该心智模型就会稳定而成为信仰并逐步形成信仰体系；个人学习可以通过共享学习向社会学习转化，从而形成“理论知识通过外在符号的代际传递和实践知识通过模仿的传递”的“共享心智模型”，当共享心智模型长期保持稳定，就会产生认知上的路径依赖，进而造成制度的路径依赖。①

意识形态对媒介融合规制变革的作用途径又是如何的呢？借鉴上述“心智模型”的形成理论，根据本书“意识形态”概念中“媒介观念”和“国家理念”的内容，意识形态对媒介融合规制变革的作用途径主要包括两个层次、三个方面，可通过

① 宗兆昌：“经济学中的人类观念和对观念的经济学分析——对诺思意识形态理论的补充”，《江海学刊》，2000年第4期。

图 4－1 来表示。

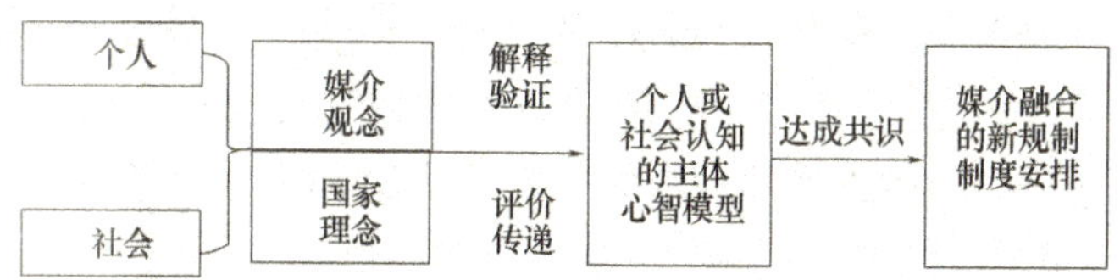

图 4－1　意识形态对媒介融合规制变革的作用机制

首先，通过学习、模仿与传递，在个人层次形成个体自身特有的、包括“媒介观念”和“国家理念”两方面内容的意识形态，在社会层次形成社会共享共有的意识形态。其次，这些意识形态的具体内容，通过个人知识的解释与验证以及社会实践的评价与传递，在长期保持稳定的状态下形成固化的个人或社会认知的主体“心智模型”。最后，个人或社会的“心智模型”在达成共识时，对媒介融合产生一种新的规制制度安排。

第二节　技术创新的动力分析

技术创新的动力分析主要是考察导致规制发生变革的来自技术创新的驱动原理。如果将规制变革现象视作结果的话，那么，导致规制变革技术创新因素则可以被视为规制变革的动力。毋庸置疑，技术力量是规制发生变革过程中不可忽视的动力之一。英国大众传播学者丹尼斯·麦奎尔（Denis MacQuail）在研究媒介体制时主要是从政治、经济和技术三个维度进行分析的。[①] 更为详尽的是，英国媒介社会学研究者戴维·巴勒特

① 丹尼斯·麦奎尔：《大众传播理论》，清华大学出版社 2006 年版，第 159 页。

(David Barrat) 则从经济、政治、法律、技术以及受众和其他组织等方面入手考察制约和影响的因素，形成了“媒介——社会关系模式”。不论是麦奎尔的“政治、经济与技术”的三维模式，还是巴勒特的多维度模式，技术力量都是必须考察的一个驱动因素。

一、技术创新与规制变革的关系

新制度经济学家 V. W. 拉坦曾指出：“对技术与制度变迁之间的相互关系的明确理解一直是那些对发展的历史和制度方面感兴趣的经济学家和其他社会科学家所感到困惑的。不过在这一研究领域存在两种对立的观点：一种是制度变迁依赖于技术变迁，另一种则认为技术变迁依赖于制度变迁。”[①] 以凡勃伦 (Thorstein B. Veblen) 为代表的老制度主义学者们支持“技术决定论”，他们认为技术变化和利益集团的推动是制度变迁的动力，是技术进步决定和引致了制度变迁。作为凡勃伦观点的继承者，多伦多学派的英尼斯 (Harold Adams Innis) 和他的学生麦克卢汉在媒介理论的研究中发展为“传播技术决定论” (Communication Technology Deter)。但是新制度经济学家们对媒介技术与制度变迁的关系问题给出了与“技术决定论”截然相反的答案。以诺思为代表的新制度主义学者们更倾向于“制度决定论”，他们认为，好的制度选择会促进技术创新，不好的制度选择会引导技术创新偏离经济发展的轨道，甚至扼制技术创新。笔者认为，不论是“技术决定论”还是“制度决定论”，

---

① V. W. 拉坦：“诱致性制度变迁理论”，载科斯等著：《财产权利与制度变迁》，上海三联书店 1994 年版，第 338 页。

都有其存在的合理性，分别在一定程度上和各自领域内解释了人类社会的演进。诚如 V. W. 拉坦所说：“在技术创新和制度创新的关系问题上，争论技术创新与制度创新谁决定谁没有什么意义，技术创新与制度创新之间是相互影响、相互依赖的关系。”[①] 笔者对技术创新的动力分析正是建立在拉坦的“相互依赖、相互影响”观点的基础上，探讨媒介技术创新对媒介规制制度变迁的影响和作用，如此才不会导致分析陷入“技术决定论”或“制度决定论”的单一思维中。

（一）媒介技术创新推动媒介规制制度变迁

丹尼斯·麦奎尔曾说：“经过证明，任何传播技术发展的历史，结果都能够激励发明的步伐与物质方面的潜力。”[②] 从人类传播历史来看，媒介技术经历了四次重要的革命：文字的产生让人类告别了口语传播的原始时代，进入了文字传播阶段；18世纪后期诞生于欧洲工业革命的印刷技术推动了报纸的诞生和大量发行，使信息的批量生产和广泛传播成为可能，奠定了大众传播的雏形；20 世纪兴起的电报电话、广播电视等电子传播技术实现了远距离的点对点传输，尤其是广播电视的声像并茂，延伸了人类在视觉和听觉上的感官，促使大众传播成形；20 世纪中叶出现的互联网以及基于数字技术、互联网技术和移动技术发展起来的新媒体技术再一次改变了人类社会的面貌，将人际传播、群体传播与大众传播完美地结合在一起，实现了人类

---

① V. W. 拉坦：“诱致性制度变迁理论”，载科斯等著：《财产权利与制度变迁》，上海三联书店 1994 年版，第 338 ~339 页。

② 丹尼斯·麦奎尔：《大众传播理论》，清华大学出版社 2006 年版，第 72 页。

随时随地交流沟通的梦想。媒介技术的一次次创新都带来了媒介规制制度的重大变迁，并深刻影响着它前行的方向。

20世纪，随着广播技术的出现和发展，各国都对无线频谱资源的稀缺性有了深刻的认识。于是，在“资源稀缺理论”的指导下，各国政府对无线广播电视进行高度管制，实施公权控制或执照管理。相对于报纸受到严格规制的无线广播电视“最初源自技术的需要，后来则演变成为民主选择、国家自身利益、经济便利以及纯粹的制度习惯等需要的”[①]。之后，随着有线电视技术和卫星电视技术的发展，基于“技术资源稀缺”的严格监管传统媒体的方式越来越受到质疑且备受争议，最终美国迈出了修改传统媒介规制制度的实质性步伐。“20世纪80年代联邦通讯委员会正式抛弃稀缺论，进而裁定公平原则违宪。20世纪90年代，最高法院在涉及有线电视的案例中不再支持稀缺论，而以各有线电视网互相干扰影响听众和观众为由，维持政府对有线电视的调整。”[②]

毫无疑问，作为人类传播历史上的第四次技术革命——新媒体技术也正极力推动着既有媒介规制制度的变迁。在美国，虽然无线广播电视仍然是受监管最多的媒体，关于跨媒介所有权的法规也主要集中在广播电视媒体上，但美国是应对新媒体技术挑战、进行媒介融合规制变革最早的国家之一。1996年，美国通过了新电信法，从市场准入、媒介所有权、有线电视相互持股、外资注入、许可证等方面大大放宽了对广播电视媒体

① 丹尼斯·麦奎尔：《大众传播理论》，清华大学出版社2006年版，第22页。

② 邱小平：《表达自由——美国第一宪法修正案研究》，北京大学出版社2005年版，第494页。

的限制，主要表现为“允许有线电视提供电话服务、广播电视业横向并购的观众覆盖率限制由原来的25%扩大到35%、延长广播电视许可证的持有期限、撤销在同一地区不能同时拥有电视台和有线电视系统的规定”①。《1996年电信法案》直接导致媒介市场跨媒介、跨行业的兼并和融合，促使超大规模的全球传媒集团涌现。不久后，英国于1999年颁布了《广播通信法》，通过设立统一的规制机构、取消产权限制、放松市场准入条件、调整对BBC的管理方式等措施，放宽了对广播电视产业结构的种种限制。

（二）传播规制政策符合媒介技术创新

一个不争的事实是，传播规制政策会随着媒介技术的发展进行调整。与此同时，随着媒介规制制度的变迁，不同的传播规制政策因时而异，符合媒介技术发展的不同阶段。考察西方传播规制政策的演变历史，“真正意义上的传播政策只有在19世纪中叶以电报的发明为开端所出现的一系列电子产品的发明时期才开始萌生”②。麦奎尔将传播政策的发展演变分为三个阶段，即“传播产业政策的萌生阶段”、“公共服务型媒体政策阶段”和“新传播政策模式阶段”。各个阶段的具体政策规制情况如下：①第一阶段，自19世纪末至20世纪20年代，又被称为“初始传播政策”阶段，此阶段的媒介规制体制的特点是根据不

① 金雪涛：“英国广播电视业规制之借鉴”，《华东经济管理》，2004年第18卷第2期，第89页。

② 简·冯·库伦伯格、丹尼斯·麦奎尔：“媒体政策范式的转型：论一个新的传播政策范式”，载于金冠军、郑涵、孙绍谊主编：《国际传媒政策新视野》，上海三联书店2005年版，第16～17页。

同技术因素将不同媒介领域区分为三种不同的规制政策，分别是印刷领域充分受到言论表达自由的媒介法律保障，电报、电话等公共载体领域进行所有权规制和结构规制，广播电视领域进行“带限制性的表达自由”的强力管制；②第二阶段，自20世纪40年代中叶至20世纪80年代，此阶段的媒介规制政策的特征是：“规范和政治上的考虑要多于对技术的思考”[①]，超出了控制稀少频谱分配的技术需求，开始注重传播福利思想；③第三阶段，始于20世纪90年代新媒体技术的出现与进步，此时传播政策的价值取向已不再是那些广义的社会福利，而是技术创新和商业化竞争下的消费者选择的最大化，简单地说，用商业、市场和经济目标取代传统的社会福利。[②]

现阶段，面对新媒体对媒介规制制度带来的挑战，选择什么样的传播规制政策已成为世界各国政府管理新媒体时面临的重大难题。在美国，通过放松规制引入竞争、打破垄断；在欧洲，普遍采用公共管理模式发展新媒体，将公共服务在新媒体领域中进行到底。但是，随着公共管理模式带来的各种竞争劣势问题的出现，公共服务政策在新媒体领域的应用备受争议和质疑。由此，英、德两国率先开始了新的传播规制政策改革，通过私有化，将竞争机制引入有线电视领域。此外，英国还放开了电信领域的竞争。毋庸置疑，“数字技术正在所有媒体中被快速地采纳，广泛运用于信息的复制、存储和传输。这意味着

---

① 简·冯·库伦伯格、丹尼斯·麦奎尔：“媒体政策范式的转型：论一个新的传播政策范式”，载于金冠军、郑涵、孙绍谊主编：《国际传媒政策新视野》，上海三联书店2005年版，第23页。

② 丹尼斯·麦奎尔：《大众传播理论》，清华大学出版社2006年版，第174页。

任何形式的内容都能通过传播媒介获得，从而消除了电信和广播电视之间的传统差异。由于传输系统采取了某种共同技术，具有共同的传输能力，我们的监管体制也面临新的挑战”①。

二、技术创新作用于规制变革的路径

麦奎尔一直主张技术因素同政治、经济因素一样，是构成媒介体制的重要组成部分，他十分重视技术力量在制度变迁中的影响和作用，认为“很早以来大众传播就随着一个接一个的技术革命不停地变动着，而这些力量有许多到现在仍然一直持续发挥作用”②。在理解了技术创新与规制制度变迁互为因果的关系之后，我们再来探讨技术创新是如何对规制变革产生作用的。

正如前文所描述的那样，以网络技术、数字技术和移动技术为支持的新媒体技术的出现与发展，使各国的媒介政府规制面临着“如何应对挑战”的难题。在数字化浪潮中出现的信息技术，如互联网技术，学者程曼丽认为它是“以地空合一的信息高速通道作为传输渠道，以渐趋普及的多媒体电脑作为收发工具，是一种高效率、大容量、极具开放性的传播媒体，新闻信息一旦进入网络，就将无视国界的存在，任何人都可以自由收看或调阅，行政控制或干预的可能性将越来越小”③。面对

① 赫南·加尔伯瑞著，罗晓军、刘岩、张俊、冯兵译：《数字电视与制度变迁——美国与英国的数字电视转换之路》，人民邮电出版社2006年版，第238页。

② 丹尼斯·麦奎尔：《大众传播理论》，清华大学出版社2006年版，第160页。

③ 程曼丽：“信息全球化时代的国际传播”，《国际新闻界》，2000年4月，第18页。

“如何管理”这个难题，关键是要理清媒介技术作用于媒介规制变革的路径。笔者就此建构了一个路径模式，如图 4－2 所示。

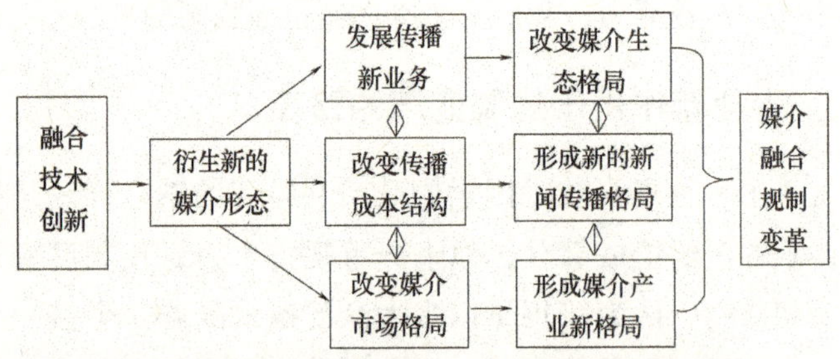

图 4－2 媒介技术作用于媒介规制变革的路径模式

首先，新的媒介技术衍生出新的媒介形态，带来新闻传播业务的新发展，对传统媒介及其行业格局构成挑战，加剧了不同媒介之间的竞争，最终改变了原有的媒介生态格局。19 世纪末，正当廉价报纸走上企业化道路时，有线广播技术和无线电技术带来了电台的大量出现，广播作为当时一种新型的大众传播手段受到听众的热情追捧，对传统报刊构成了严重挑战，并迎来了广播业兴盛与腾飞的黄金二十年（20 世纪 30 年代至 20 世纪 50 年代）。紧跟广播之后是电视技术的不断进步和快速更新，电视媒介迅速从低级走向高级、从单一走向多样化发展，有线电视、无线电视、卫星电视等电视媒体无疑对报刊、广播产生了新一轮的竞争局面。20 世纪中下叶，随着数字化、网络化新媒体技术的出现与发达，人类开始步入了高度信息化的社会。当下，新媒体再一次掀起了媒介生态格局的巨变。与过去报刊、广播、电视之间“你死我活”“互不相容”的残酷情况不同，虽然新媒体对传统媒体仍然有着竞争压力，但它是以一种融合的姿态对待传统媒体。随着媒介融合发展步伐的进一步

加快，融合媒介带来了新闻传播业务上融合新闻与媒介生态的融合格局，必然在现实层面上对媒介规制提出新的诉求，如许多不符合融合媒介与融合新闻发展的传统媒介规制被删除，或在逐渐修改和完善中。

其次，媒介技术的创新及新媒介形态的出现，从传播渠道、传播内容、传播主体、传播功能、传播模式、传播效果、传播成本等方面深刻改变了原有的新闻传播格局。印刷媒体是以报纸、杂志、书籍等为传播渠道，以文字、图画等信息符号为传播内容，诉诸报社、杂志社、出版社等传播组织进行传播活动的，其以编辑记者为中心的“我编你读”的传统单向传播模式导致传播效果缺乏互动性。电子媒体是以电报、电话、广播、电视、电影等为传播渠道，以声音、图文、影像等为传播内容，通过邮电通信部门、广播电台、电视台、电影制作部门等组织机构进行听觉与视觉上传播的，虽然在传播效果上比印刷媒体具有更强的互动性，但是在传播模式上仍然沿袭了印刷媒体“中心化”“权力化”的方式。从传播成本方面来看，不论是印刷媒体的印刷机器和编排人员，还是电子媒体的电子设备和运营队伍，都具有基础设施成本高、人员费用开销大的特点，这必然导致大众传播高门槛。然而，新媒体给新闻传播带来了又一轮崭新的变革：新媒体让新闻传播变得更加便利、便捷，改变了新闻传播的时空距离、传递速度和传播容量，增加了传播渠道，增强了传播互动性和受众的主动性。[①] 此外，更为重要的是：①新

① W. Russell Neuman, The Future of the Mass Audience, New York: Cambridge University Press 1991, p. 74 ~ 76.

媒体非权力化、去中心化的传播模式赋予每一个人既是信宿又是信源的传播权力，让我们在最大范围的个性选择中实现时空间聚合与信息共享；②新媒体摈弃了传统媒体对大型机器设备和大量人员队伍的依赖，节省了信息的生产和传播成本，有力地推动了大众传播的力度和广度，大大降低了大众传播的门槛，使人人办媒体成为可能，反过来也抬高了媒介政府规制的成本。因新媒体发展而带来的传播格局的变化最终都会传导到媒介规制上来，要求在媒介融合的语境下进行媒介规制的改革。

最后，媒介新技术的扩散，对传媒产业而言，必将创造新的替代性媒介产品和服务，衍生出新的媒介业务，改变媒介市场的原有格局，最终影响媒介产业的发展。新媒体技术出现之前，以往的每一次媒介技术创新都使得参与到媒介市场竞争的主体越来越多，各种媒介产品和服务如雨后春笋般爆发出来，并各具特色，如报纸、杂志、书籍的深度阅读和便携特性，广播节目的通俗易懂与优质音频，电视节目的影、音、字、画全方位表达。但是，无论是印刷媒体还是电子媒体，它们所生产的信息产品都具有强烈的替代效应，这必然导致多元化市场之间的竞争更加激烈，深刻影响着媒介产业格局的发展态势。“较以往的技术进步只在特定产业内部发挥作用不同，上个世纪的信息技术产生了巨大的‘通用性和开放性’能量。通用性决定了信息技术在各个不同产业领域的广泛应用，开放性决定了信息技术的兼容性和扩充性。……从此原来各产业分立的传输平台被统一到了一个传播平台上。这种技术进步的力量产生了传

媒产业与其他产业的技术手段融合，使其原有的技术边界消失。”① 传媒经济学家罗伯特·皮卡特（Robert G. Picard）早在1997年就曾针对媒介融合带来的各种挑战和机遇指出，无论是媒介形态的变化还是媒介业务的改变，这些新闻传播活动方面的革新，归根结底都是传媒产业经营模式的改写。随着媒介边界的日趋模糊与技术融合的进一步发展，不同产业涉及的媒介业务趋于融合，在媒介市场中重新构建了新的、融合的价值链体系，在媒介经济领域内出现了为适应产业增长而发生的原有产业边界逐渐模糊、甚至消失的现象，过去基于传统分立的价值链而形成的、界限清晰的传统媒介产业、信息产业和文化产业正在逐步走向融合，新产业形态出现并朝着“大媒体产业”方向迈进。开始于技术融合，发展到业务融合与市场融合阶段，并最终朝着产业融合前进的媒介融合，必将会对媒介规制提出新的政策、体制及机制上的要求，也必定会作用于包括融合规制在内的媒介规制变革。

第三节　制度环境的变化分析

麦奎尔认为，“每一种媒介都可以从技术、物质形式、典型模式、文类、功用以及制度环境的观点来讨论”②。美国经济学教授奥利弗·威廉姆森（Oliver Williamson）将新制度经济学分为研究“制度环境（institutional environment）——博弈规则”

① 昝廷全、金雪涛：“传媒产业融合——基于系统经济学的分析”，《中国传媒大学学报（自然科学版）》，2007年9月，第14卷第3期，第20页。

② 丹尼斯·麦奎尔：《大众传播理论》，清华大学出版社2006年版，第16页。

和研究“治理制度（institutions of governance）——博弈本身”这两个分支，并将制度分析划分为四个层次，其中第二个层次为制度环境，主要是指正式的博弈规则。[①]“从自发秩序和人为秩序角度理解，威廉姆森意义上的制度环境等同于诺思的正式制度。”[②]可见，制度环境是指“一系列用来建立生产、交换与分配基础的基本的政治、社会和法律基础规则”[③]，主要包括政治制度、产权制度、司法体制在内的规则和规范等，具有相对稳定性。因为制度环境是由互相关联的不同制度单元构成的集合体，我们可以将其视为一个社会所有制度的总和。具体地说，影响媒介融合规制变革的制度环境包括宏观环境和媒介环境，详情如图 4－3 所示。

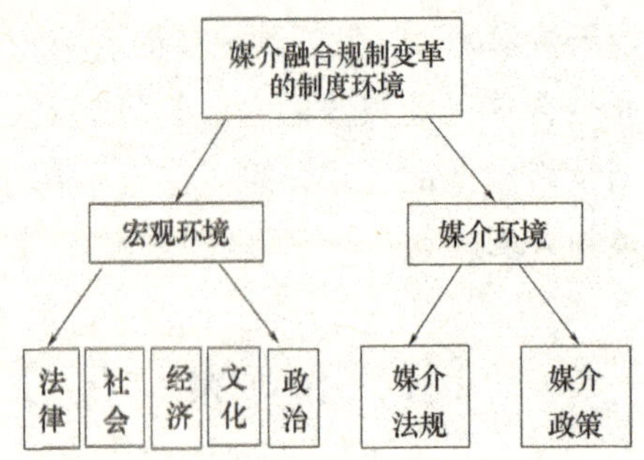

图 4－3　媒介融合规制变革的制度环境

① Oliver E. Williamson: “The Institutions of Governance”, American Economic Review (1998), p 88.

② 崔兵：“制度环境与治理模式选择”，《孝感学院学报》，第 31 卷第 3 期，第 78 页。

③ 卢现祥：《西方新制度经济学》，中国发展出版社 1996 年版，第 2 页。

一、文化体制改革带来的宏观环境变化

改革开放以前，我国一直实行高度统一的计划经济，并在计划经济体制之下对包括文化、教育、卫生在内的各行各业实施统一的事业单位编制。随着经济体制改革的深入，我国政治、文化和社会事业改革也不断向前发展，引发了经济环境和社会环境的巨大变化，尤其在文化领域，形成了文化事业与文化产业共同发展的繁荣局面。发端于 1978 年的文化体制改革至今已有 30 多年，是在中央政策的直接引导下进行的，其中，十四大、十六大、十七大等历次党代会都对文化建设和体制改革做出过相关规定。回顾中国文化体制改革历程不难发现，文化体制改革是一种计划体制存量逐步递减而市场体制因素不断增加的过程。以改革开放以来党中央的重大决策和历史事件为基准，文化体制三个阶段式改革都为媒介融合规制变革带来翻天覆地的宏观环境变化。

（一）第一阶段（1978 年至 1992 年）：改革文化部门体制，建立文化市场

随着我国经济体制改革的深入和文化功能的日趋多样化，文化的产业属性逐步显现出来，文化市场日益活跃，文化体制改革纳入了经济体制改革的轨道，成为经济体制改革的一部分而开展起来。在计划经济体制下不被承认的文化市场地位和文化产业性质成为当时文化体制改革中亟待解决的重要问题。1985 年，在国务院转发国家统计局的《关于建立第三产业统计的报告》中，“文化艺术”作为第三产业的一个组成部分被列入

国民生产统计的项目，部分文化行业的产业性质得到政府的认可。[①] 1988 年，文化部、国家工商行政管理局发布《关于加强文化市场管理工作的通知》，正式提出“文化市场”的概念，同时明确文化市场的管理范围、任务、原则和方针，这标志着我国文化市场的地位正式得到承认。[②] 1989 年，国务院批准在文化部设置文化市场管理局，全国文化市场管理体系开始建立。[③] 1991 年，在国务院批转的《文化部关于文化事业若干经济政策意见的报告》中，“文化经济”概念正式提出。

这一阶段的文化体制改革实践主要围绕以下三个方面进行：第一，逐步开展文艺与演出部门的体制改革，在文艺与演出领域实行“双轨制”，同时还推行以承包经营责任制和“以文补文”为主要内容的体制改革；第二，逐步深化新闻出版部门的体制改革，主要在运行机制、发行体制、价格体制和内部体制四个方面实行改革；第三，开始承认文化市场地位，认可部分文化行业的产业性质，如 1987 年文化部、公安部、国家工商行政管理局发布了《关于改进舞会管理的通知》，正式认可营业性舞会等文化娱乐经营性活动。

（二）第二阶段（1993 年至 2002 年）：全面改革文化事业，迅速发展文化产业化

随着 1992 年邓小平同志南行讲话的发表和党的十四大的召开，我国改革开放和现代化建设进入了一个崭新阶段，这既为

---

① 王立：“我国文化体制改革历程的回顾与启示”，《长春工业大学学报（社会科学版）》，第 22 卷第 1 期，第 62 页。

② http：//news. sina. com. cn/c/2006－04－03/16239518895. shtml。

③ http：//news. sina. com. cn/c/2006－04－03/16239518895. shtml。

文化发展奠定了坚实的经济基础，注入了新的发展活力，又促进了文化体制改革的全面开展。在全面改革文化事业方面，1996年十四届六中全会通过了《中共中央关于加强社会主义精神文明建设若干重要问题的决议》（以下简称《决议》），《决议》认为，“改革文化体制是文化事业繁荣和发展的根本出路”，由此提出文化体制改革的一系列任务，“坚持走改革开放之路，积极推进文化事业改革”成为这一阶段文化发展的基本方针。在迅速发展文化产业化方面，2000年10月，中国共产党第十五届五中全会通过的《中共中央关于制定国民经济和社会发展第十个五年计划的建议》第一次在正式文件里提出了“文化产业”的概念，要求完善文化产业政策，加强文化市场建设和管理，推动有关文化产业的发展。2002年，党的十六大第一次明确将文化分为“文化事业”和“文化产业”两个部分，强调在积极发展文化事业和文化产业的同时，确定整个文化体制改革的方向和目标。从20世纪80年代“文化市场”概念的提出和承认，到2000年“文化产业”概念的提出和承认，再到2002年“文化事业”和“文化产业”两部分的明确提出，极大地丰富了我国文化体制改革的具体内容，指明了改革方向和目标，标志着我国对文化产业的承认和对其地位的认可。

总的看来，第二阶段的文化体制改革主要围绕以下四个方面进行：首先，深化文化单位内部的机构改革，调整组织结构，建立健全激励机制、竞争机制和约束机制，增强新闻单位的生机与活力；其次，加强文化市场的培育和市场行为的规范，初步建立起包括演艺、电影电视、音像、文化娱乐、文化旅游在内的文化市场体系；再次，加大文化行政管理部门自身的改革，提高管理部门的宏观管理效率和能力；最后，完善各种文化经济政策，逐步建立起以社会效益为先的保障体制。

这一阶段的文化体制改革实践具有两个显著的特点。一是“文化集团化”——组建文化集团。2001 年，中共中央批转了中宣部、广播电视总局、新闻出版总署《关于深化新闻出版广播影视业改革的若干意见》，提出“文化体制改革要以集团化建设为重点和突破口，着重在宏观管理体制、微观运行机制、政策法律体系、市场环境、开放格局五个方面积极进行探索创新”。到 2002 年初，全国共组建了包括中国广播电视集团和中国出版集团在内的文化集团 70 多家，从地域上涵盖北京、上海、广东、江苏、浙江、四川等地，从经营业务上包括报业集团 38 家、出版集团 10 家、发行集团 5 家、广播电视集团 12 家、电影集团 5 家。二是“高度法治化”——高度重视法治建设，大力推行法治管理。“据统计，这一时期由全国人民代表大会常委会、国务院和中央文化管理部门陆续制定和颁发了 200 多部法律法规、政策性文件或部门规章，涵盖了舞台艺术、新闻出版、广播影视、互联网、文化经济等诸多领域，如《著作权法》《广播电视管理条例》《电影管理条例》《出版管理条例》《音像制品管理条例》《印刷管理条例》等。”①

（三）第三阶段（2003 年至今）：全面开展文化体制改革试点工作，解放和发展文化生产力

2003 年，党的十六届三中全会通过了《完善社会主义市场经济体制若干问题的决定》，将文化体制改革的目标进一步细化和明确，提出了文化体制改革的总目标以及文化事业和文化产

① http：//news. sina. com. cn/c/2006 - 04 - 03/16239518895. shtml。

业的具体改革方向和目标。2011年10月，中共中央十七届六中全会首次将“文化命题”作为中央全会的重大议题，审议并通过了《中共中央关于深化文化体制改革、推动社会主义文化大发展大繁荣若干重大问题的决定》，这充分体现了我国对文化发展的高度重视，再一次为文化体制改革提供了明确的理论指导和全面的政策支持。一方面，文化体制改革的理论得到了进一步深化；另一方面，文化体制改革的实践也有了重大突破，主要围绕以下五个重点内容进行实践探索：

1. 全面开展文化体制改革试点工作。

2003年6月，为贯彻十六大促进文化事业和文化产业发展的精神，全国文化体制改革试点工作会议在北京召开，由此正式开启了北京、上海、重庆、沈阳、西安、丽江等9省市35家新闻出版、广播影视、文艺团体单位的改革试点工作，探索建立党委领导、政府管理、行业自律、企事业单位依法运营的“文化宏观管理体制”和富有活力的“文化产品生产微观运营机制”。[①] 2003年年底，为了解决试点工作执行过程中的一些具体问题，国务院办公厅下发了《文化体制改革试点中支持文化产业发展和经营性文化事业单位转制为企业的两个规定》（以下简称《规定》），《规定》就财政税收、投融资、资产处置、工商管理、价格、国有文化资产授权经营、收入分配、法人登记等12个方面的内容进行了规定，为试点单位提供了税收优惠政策。[②]

2. 解放和发展文化生产力。

2004年，在党的十六届四中全会上，中共中央通过了《中

① http：//news. sina. com. cn/o/2006－03－31/05418574132s. shtml。

② http：//baike. baidu. com/view/3704814. htm。

共中央关于加强党的执政能力建设的决定》，第一次在正式文件中提出“深化文化体制改革，解放和发展文化生产力”重要思想，强调“文化体制改革要以体制机制创新为重点，增强微观活力，健全文化市场体系，依法加强管理，促进文化事业全面繁荣和文化产业快速发展，增强我国文化的总体实力。”① 解放和发展文化生产力的关键在于重塑国有文化市场主体，解决国有文化事业单位“转企改制”问题，实践中主要有三种解决途径：一是分离改制，即将广告、印刷、发行、电视剧等一般节目制作部分分离出来转制为企业，如浙江日报报业集团以印务中心为试点单位，建立多元产权的现代企业制度；二是整体改制为企业，由过去事业性质整体转制为企业，如广东省出版集团、解放日报报业集团《上海学生英文报》、文汇新民联合报业集团《上海星期三》等报刊都改制为企业；三是“转企改制”一步到位，建立现代企业制度，实行自主经营、自负盈亏，如北京儿童艺术剧院、北京歌剧舞剧院直接进行股份制改造，取得了良好的经济效益和社会效益。

3. 改革融资渠道。

在文化投融资方面，我国文化产业发展的主要问题在于：一是投资主体单一，主要依赖单纯的政府财政拨款，二是社会资本投资渠道受阻，民间资本与外资进入文化产业不畅。十六大以后，文化部门陆续出台了多项政策措施，鼓励民营企业投资文化领域。据统计，2003 年全国共制作电影 197 部，其中民营公司投资 60 部，截至 2004 年上半年，全国生产的 100 多部影片中民营企业参与制作的占 80%。可以说，民营企业目前已经

① http：//news. sina. com. cn/c/2006 - 04 - 03/16239518895. shtml。

成为众多文化领域的主要投资力量，尤其是在中国影视产业，民营影视企业已经成为中坚力量。与此同时，国内许多文化企业进行了股份制改造，实现了资本市场的融资渠道，随着在深、沪两个资本市场上市的文化产业公司数量的逐年递增，我国文化产业板块初步成形。

4. 建设文化基础设施。

截至目前，国家大剧院、国家博物馆、国家图书馆等六个大型文化项目相继进入二期扩建和整体维修阶段。据统计，近几年文化基础设施投入是过去几十年的总和。

5. 改革文化行政管理机关。

十六大以后，文化管理部门就文化行政管理方式进行改革，主要“从微观向宏观”、“从直接向间接”、“从传统行政管理向依法管理”转变，由“抓审批、抓活动为主”向以“抓宏观调控、抓政策研究制定、抓社会监督和公共服务”转变。特别是《行政许可法》的公布施行，有利于文化行政管理水平的提高。在中国，一个以提高行政效率和透明度为主要目标的依法行政、依法管理的文化行政管理体系正在逐步形成。①

二、新媒体技术发展引发的媒介环境变化

新的媒介技术创造了新的媒介环境，并深刻影响着人们的交往方式和传播行为。以网络技术、数字技术和移动技术为代表的新媒体技术通过数字化方式，改变或重构了媒介组织的运营方式、媒介市场的利益格局以及媒介产业的业务界线，导致媒介环境的巨大变化，并带来政府在媒介政策供给上的调整，

---

① http：//news. sina. com. cn/c/2006－04－03/16239518895. shtml。

从而引发了为适应制度环境变化而进行的全方位变革。借鉴媒介环境学的研究视阈，探索新媒体技术十余年的发展对媒介环境产生的巨大变化，主要包括以下三个方面。

（一）变革符号环境——加速“去中心化”趋势

新媒体技术尤其是互联网技术支持下的虚拟空间为人际交往创造了一个与传统媒介不同的符号沟通环境。学者彭兰曾指出：“Web2.0 内在的动力来源是将互联网的主导权交还个人，从而充分发掘个人的积极性，使之参与到体系中来，广大个人所贡献的影响与智慧和个人联系形成的社群的影响，替代原来少数人所控制和制造的影响，从而极大解放个人的创作和贡献的潜能，使得互联网的创造力上升到新的量级。”[①] 当第二代互联网服务 Web2.0 成为新媒体主流后，信息传播的符号系统逐渐向“多向动态”“去中心化”的超文本形式转变，既有口语的即问即答性的跳跃式表达，也有书面的具有思考过程的线性表达，并时刻受到各种思维、各类语言（方言和外语）、各种文体等的影响。此时，充斥着离散式结构、成分缺失、跳跃式、非连贯性、变异化等各种句式的网络语言挑战了传统媒体规范语言的主导力和影响力，网络媒体将传播的主动权交还给了个人，重点发挥个人在沟通上的主动性，不仅使更接近口语和心理语言的网络特殊用法不断地推陈出新，而且促使“去中心化”的多元传播趋势更加显著。

“去中心化”的概念源于上述传播层面对符号环境的变革，

① 彭兰：“Web2.0 在中国的发展及其社会意义”，《国际新闻界》，2007 年第 10 期。

该趋势的影响业已在媒介组织的运营方式和媒介产业的业务层面延伸开来。首先，从媒介组织的运营方式来看，主流传统媒体在信息传播过程中的“把关人”角色受到制约，改变了原来受众必须单向接受信息、无法进行选择和反馈的传播方式，使传统媒体所处的“传播权力中心”和“市场经营中心”的地位受到来自新媒体的严重挑战。具体地说，由于传播成本的大大降低、传播技术的便捷性以及媒介形式的多样化，不仅打破了传统的传播权力结构，使“个人发言权不再集中在主流媒体手中，能够回归到个人手上”①，而且重塑了媒介市场格局，为新媒体产业和数字内容产业的发展提供了广大的发展空间，为传统媒体之外的新媒体机构提供了崭新的发展机遇。其次，从媒介产业的业务层面上看，新媒体业务成为传统广播电视业和电信业相互争夺的新内容，出于市场发展的需要，新业务如 IPTV、手机电视和流媒体音视频等必然要求打破条块分割的“井”字形管理结构，要求以行业部门为中心的管理方式让位于市场发展规律，以客户需求和技术进步为中心发展新媒体产业。②

（二）改变感知环境——增强传播互动性

新媒体技术对媒介感知环境的影响主要是指对人们感官接触信息的程度和方式的影响。首先，从接触信息的内容方面来看，对传统媒体的受众而言，传统媒体的信息内容是死板的、不可更改的。然而，新媒体的数字化方式则允许用户在电子信

---

① 转引自《去中心化和个人媒体时代来临》，参考台考省科技产业资讯室的定义，http：//cdnet. stpi. org. tw/techroom/。

② 黄河：“数字化如何改变传媒——聚焦数字化的四大力量”，《国际新闻界》，2009 年 2 月。

息内容之间积极地根据自己的需求和爱好来进行超文本的多项选择和重新安排，以此挖掘更多的附加信息。如数字电视的用户不仅可以选择视频点播、网络电子商务等互动性业务，而且在互动过程中可以将自身对产品和服务的需求反馈给服务提供商，根据此信息服务提供商重新安排用户的服务内容。其次，从传播的方式和效果来看，传统媒体的信息传播是单向的、无沟通无反馈的。但是，新媒体技术在超文本的环境下却为媒介与用户之间、用户与用户之间搭建了信息多向交流的渠道，不仅使媒介与用户之间形成了信息回流的互动关系，也促成了用户与用户之间双向互动关系的建立。如当下在互联网平台上开展得红红火火的微博、博客、播客和论坛等，都是充分利用互联网技术带来的交流互动性，打破了信息传播的单向性，使“草根”用户一族从此拥有了作为“传播信息源”的权利。

传播互动性的增强对受众和媒介的影响是深远的。第一，数字化互动传播改变了受众的角色定位，使传播对象从过去单一的“受众”角色向“媒介消费者”、“媒介用户”以及“信息源”等多重角色转变。换句话说，他们既是新媒体产品和服务的消费者，也是新媒体业务的用户，更是新媒体平台上新的信息源。第二，数字化互动传播将媒介组织的运作方式从传统媒体的“大众化”和“普遍化”改变为新媒体平台上的“碎片化”和“个性化”，即根据主动性增强的媒介用户的个性需求，为用户提供更多具有针对性的选择，量身订制他们的媒体内容，打造媒介消费者的“我的媒体”；第三，数字化互动传播将其他领域的行业组织也卷入了新媒体产业的大潮中，共同开展互动服务业务，延伸新媒体行业的产业链和价值链。

（三）影响社会环境——逐渐消解媒介边界

新媒体技术对社会环境的影响主要是通过改变人际交往“场域”内的各种边界实现的，集中体现为对媒介角色、媒介形态、媒介产业以及媒介市场等边界的消解上。

第一，媒介角色边界的模糊。新媒体平台上的用户既可以通过搜索引擎等选择信息，成为信息的受者，即“人人是受众”，也可以通过交互平台、社交网站等发布信息，成为信息的来源，即“人人是记者”。这种“人人既是受众又是记者”的转变使媒介组织在信息传播过程中固定“传者”角色悄然发生了变化。在点对点、面对面的互动网状传播平台上，媒介组织信息传播的主动地位受到信息参与者的严重挑战，其“传者”角色也不再像以前那样固定且清晰，在部分信息上甚至成为“受者”，由此“开创了一种全然不同于传统专业记者的信源采集形态”①。因在传播对象从“受众”向“用户”转变的过程中，媒介角色的多重性要求逐渐显露，媒介一改往日高高在上的“传者”身份，更转变为“产品与服务的提供商”、“内容与资源的集成商”、“渠道与平台的维护者”等多种角色。

第二，媒介形态边界的消亡。新媒体技术“无所不能”“无处不在”的特性促使过去传统单一属性媒体向图文视听相结合的多媒体进化。在平面媒体、音频媒体和视频媒体等多媒体整合的技术现象中，媒介形态趋于融合并互相进入，其传统边界逐渐消亡，鼠标成为区分文字、图像、音频、视频的唯一工具。这意味着，先前相互分离、独立存在的传统媒体形态在新媒体

① 蔡雯：“试论媒介融合趋势下的新闻创新”，《今传媒》，2008 年第 10 期。

平台上重新聚合，构成了一个没有时空界限的多媒体。

第三，媒介产业边界的清除。日本学者石坂悦男认为：“新媒介的产生和原有媒介的融合，打破原来的产业界线，又是大众媒介领域的界线，在带来了不同产业间融合的同时，成为大众媒介产业发展的根本动因。”① 新媒体技术革命打破了传统媒介纵向一体化的市场结构，使不同产业在三个主要水平环节不断趋于融合，即内容资源融合、传输渠道融合以及接收终端融合。不同产业的市场行为在内容、包装、网络、发布和终端上的水平统合促使媒介市场朝着横向一体化的结构发展，产业之间传统的“你我界线”逐渐清除，最终实现了一个融通多个产业的“大媒体产业”。新媒体技术革命带来的产业融合不仅涉及传统的传媒产业，如出版产业、广播电视产业、电影产业，还扩展到了文化产业、通电信产业、电子制造产业等多个产业领域。

---

① 黄升民、丁俊杰主编：《中国广播电视媒介集团化研究》，中国物价出版社2001年版，第282页。

第五章

国外媒介融合规制变革的经验启示

"信息和娱乐进入家庭有5个途径：卫星、广播、有线电视、电话和经过包装的媒介（例如，磁带、光盘和印刷品等原子）。联邦通信委员会通过管制其中一些途径以及在其中流动的某些信息内容，来维护大众利益。它的工作难度很大，常常夹在保护和自由、公益和私利、竞争和垄断之间，障碍重重。"

——［美］尼古拉斯·尼葛洛庞帝（Nicholas Negroponte），《数字化生存》

"我们应该授予政府强大的权力以应付垄断吗？我们应该让自由市场进入到技术革新的改革中吗？或者就像我们现在所做的一样，应该努力寻求将有序与无序的媒体世界进行最优化的组合吗？"

——［美］本杰明·M·康佩恩（Benjamin M. Compaine）道格拉斯·戈梅里（Douglas Gomery），《谁拥有媒体？》

第一节　放松规制与强化规制结合

通过回顾西方主要国家媒介规制的演变历程，我们不难发现，美、英、法、德等国的媒介规制变革大体经历了严格规制、放松规制以及当下的放松与强化相结合三个阶段。在这场以媒介融合为主题、放松与强化并举的规制变革中，虽然各国政府变革内容的侧重点及其采取的变革手段不同，但是"加强竞争"与"抑制垄断"、"提高市场效率"与"维护公共利益"仍是困扰西方发达国家进行媒介规制变革的4个问题。西方发达国家的媒介融合规制变革主要是围绕"竞争"和"垄断"、"市场效率"和"公共利

益”展开的。

一、放松规制的措施与启示

所谓放松规制（deregulation），是指“政府取消或减少对自然垄断或其他产业的进入、价格等行政、法律规制”①。众所周知，西方国家传媒产业的迅猛发展主要得益于放松规制。传媒领域中的规制放松反映了政府与媒介关系的变迁，意味着政府减少对传媒产业的控制和管制，放开市场，放松准入，鼓励竞争，让市场成为调节传媒产业发展的动力。但是，放松规制并非意味着放开对垄断的抑制，放纵对效益的侵蚀。西方国家媒介融合下的放松规制主要是指将规制重心从规制“市场结构”向规制“垄断行为”转移，不再盲目地反垄断、促竞争，而是注重对垄断结构下的效率分析，简言之，就是在一定程度上放松对市场结构的苛求，“市场集中率”不再是规制调整的判断标准。

（一）放松规制的措施

自20世纪末开始，媒介融合便成为世界传媒产业发展的新趋势，各国大型媒介集团纷纷要求本国政府重新规制媒介产业，其中，放松规制的呼声尤为高涨，这使各国政府都在开展一场迎合媒介融合发展需求的媒介规制变革。出于加强竞争、降低成本、提高经济效益和满足需求多样化的目的，西方各国政府纷纷采取各种放松规制的措施。

① 金雪涛：“英国广播电视业规制之借鉴”，《华东经济管理》，2004年第18卷第2期，第89页。

1. 放松市场准入规制。

放松市场准入的核心是解除交叉禁入的规制。[①] 当初，在融合规制变革之前，为保证传媒市场的多种声音，保护文化的多样性，满足需求的多样化，世界各国一直采取一定程度的“交叉禁入”规制。在传统的产业格局和技术环境下，这种交叉进入的禁止不能对分立产业格局下的市场竞争造成损害。但是，在技术融合和产业融合的背景下，原有的电信产业与传媒产业之间、各子传媒产业之间的“交叉禁入”规制成为市场的藩篱、竞争的障碍和投资的限制，此时的交叉禁入就是抑制竞争的罪魁祸首。于是，西方发达国家陆续解除交叉禁入规制，改变市场政策，放松市场准入，拆除行业壁垒，鼓励竞争，吹响新一轮放松规制的改革号角。其中，最引人注目的是美国《1996 年电信法案》的通过。美国《1996 年电信法案》旨在通过进一步放开电信市场和放宽外资进入美国电信市场的限制来倡导竞争，促进各部门融合发展，最终实现服务质量的提高。[②] 在新法案通过后，针对电信业与传媒业之间、各子传媒业之间跨业经营的限制，美国主要采取了以下变革措施：一是开放本地电话市场，允许本地电话和长途电话公司的双向准入，打破了电信产业自身的市场界限；[③] 二是允许电话公司和有线电视业务领域的相互渗透，允许有线电视网提供电话服务，这有利于打破了电信业

---

① 肖赞军：《西方传媒业的融合、竞争及规制》，中国书籍出版社 2011 年版，第 145 页。

② 李红祥：“我国未来传媒规制政策的价值取向——媒介融合下美英传媒法制变革的启示”，《新闻界》，2010 年第 1 期，第 69 页。

③ 李红祥：“我国未来传媒规制政策的价值取向——媒介融合下美英传媒法制变革的启示”，《新闻界》，2010 年第 1 期，第 70 页。

和有线电视业的产业界限;[①]三是放松对有线电视的费率管制，取消较小规模有线电视系统的所有价格限制，将广播电视执照持有期限从原来的3年或5年延长到8年，几乎取消了执照审核程序，变成自动更换，这些措施都有利于促进有线电视业与电信业的竞争[②]；四是鼓励美国公司进入外国市场，允许超大型、跨传媒、跨所有制的传媒集团成立，以增强本国传媒业的整体竞争力。美国新法案的出台不仅拉开了本国媒介融合的序幕，而且打开了本土传媒巨头走向世界的大门。经过多年的兼并、联盟和重组，美国最大的25家国际传媒集团成立，涉及广播、电视、电影、报纸、杂志、出版、唱片、娱乐、电话、互联网、体育、零售、广告等多个行业。

1996年前的英国政府对广播电视业的规制以法律手段为主，对市场准入方面实行严格的经济性规制。但是，面对美国新法案变革后残酷的竞争现实，英国政府自1996年开始也不得不对有线电视领域放松进入规制。1999年，英国政府颁布了《广播通信法案》，采取了放松媒介规制的实质性措施，放宽了广播电视产业结构的种种限制，由此商业广播电视便在英国迅速发展起来。尤为明显的是，在市场份额上，商业台一直处于快速上升阶段，而公共台却处于下降状态，形成了与公共广播电视争夺市场的对峙态势。

在放松市场准入的改革中，除了解除交叉进入的限制外，对许可证制度的改革也是其中另一项重要措施。一些国家和地

① 朱春阳："传媒产业规制：背景演变、国际经验与中国现实"，《西南民族大学学报（人文社科版）》，2008年3月，总第199期，第172页。

② 李红祥："我国未来传媒规制政策的价值取向——媒介融合下美英传媒法制变革的启示"，《新闻界》，2010年第1期，第70页。

区实行融合许可证制度，如马来西亚、肯尼亚、毛里求斯、乌干达和坦桑尼亚等；一些国家降低了许可的门槛，如日本实施简单的登记与通知制度，减少许可证的种类，甚至取消了许可证制度。到2004年年底，有55个国家在频谱分配中取消了许可制度，另一些国家建立了竞争性的许可证发放形式，允许许可证再交易，如英国与澳大利亚通过投标方式在许可证发放中引入竞争机制。①

2. 放松市场结构规制。

放宽所有权限制是放松市场结构规制的一种表现形式。当今许多国家都在不同程度上放松了单一媒体所有权和跨媒体所有权规制，所有权规制的放宽成为世界各国媒介融合规制政策变革的普遍趋势。②

早在美国《1996年电信法案》出台之前，美国政府便开始放宽了对广播电台、电视台所有权的限制。1982年，美国联邦通信委员会就对广播电台、电视台的“交易持有期年限”进行改革，废除了广播电台、电视台买卖的“三年规则”，规定已有的广播电台、电视台买卖无须持有期，新建的广播电台、电视台买卖只需一年持有期。③ 1985年，联邦通信委员会将一家广播公司在全国市场拥有电视台的上限数量由7家增加到12家，

---

① 肖赞军：《西方传媒业的融合、竞争及规制》，中国书籍出版社2011年版，第145~146页。

② 肖赞军：《西方传媒业的融合、竞争及规制》，中国书籍出版社2011年版，第150页。

③ 肖赞军：《西方传媒业的融合、竞争及规制》，中国书籍出版社2011年版，第149页。

到1992年再次放宽了广播电台在地方市场和全国市场的数量限制。[①]《1996年电信法案》通过后，美国更是进一步大规模放宽了所有权限制：彻底废除单一媒体所有者在全国市场的所有权限制，进一步放松地方市场的数量限制；将无线电视台在全国市场的受众人数上限由原来的25%上调至35%。[②]

2002年至2003年，美国联邦通信委员会对跨媒介所有权规则进行了大规模重审和大幅度调整：将《广播/电视跨媒体所有权限制令》和《报纸/广播电视跨媒体所有权禁令》合二为一；调整电视台在全国市场的受众人数，由1996年的35%继续上升至45%；很大程度上放松了原先设立的关于地方市场上跨媒介数量的限制，基本取消了拥有9家或9家以上电视台的市场内跨媒介经营的限制，使覆盖市场份额越大的大型传媒集团所受的市场限制越少。[③]到2006年，美国联邦通信委员会在新提案中将跨媒介所有权限制的市场下限降低到6家电视台，在放宽所有权规则和维护市场多样化之间寻得新的平衡。

1996年之前，英国政府通过法律法规对广播电视所有权方面设立了以下8项限制：“一是禁止单一企业拥有由15个地区电视许可构成的独立电视公司；二是禁止同时拥有电视台和电台；三是禁止拥有2个以上的全国网络的商业电台；四是禁止大报业集团拥有第5套节目电视台或电台；五是禁止非欧洲国

① 肖赞军：《西方传媒业的融合、竞争及规制》，中国书籍出版社2011年版，第149页。

② 李红祥：“我国未来传媒规制政策的价值取向——媒介融合下美英传媒法制变革的启示”，《新闻界》，2010年第1期，第70页。

③ 蔡雯、黄金：“规制变革：媒介融合发展的必要前提——对世界多国媒介管理现状的比较与思考”，《国际新闻界》，2007年3月，第61页。

家拥有电台和电视台；六是禁止超过全国20%销售份额的报业集团拥有独立电视公司；七是禁止在同一地区内的地方独立电视公司和报纸相互拥有；八是保障在地区内至少有3个商业性的地方媒体（电视台、电台等）。”《1996年广播电视法》颁布后，英国政府便“取消了上述八项规定的前五项禁令，只保留了最后三项限制”[①]，大幅度放松了所有权方面的限制：在单一媒体所有权方面，《1996年广播电视法》“不再考虑广播电视公司的传播方式和执照持有数量，而仅设定单一媒体所有权的总量上限”[②]；在跨媒体所有权方面，“第一次允许在国内和地区范围内的报业集团、广播电台以及地面公司之间持有高水平的跨媒体所有权”[③]。2003年，英国政府出台了新《通信法》，相较于1990年的《广播法》和1996年的《广播法》，2003年的《通信法》再次对媒介所有权方面的限制进行了改革：一是在全国市场上放宽了跨媒介所有权限制，取消第五频道和全国报纸跨媒介所有权的限制；二是允许外国企业取得英国全国性地方商业电视网的股权。[④]

日本曾于2003年6月和2004年3月两度修改了《大众传媒垄断排除原则》，不仅大幅度放宽了无线电视对卫星电视的出资规制，而且放松了除东京、大阪、京都之外的地方电视台之间

① 金雪涛：“英国广播电视业规制之借鉴”，《华东经济管理》，2004年第18卷第2期，第89页。

② 肖赞军：《西方传媒业的融合、竞争及规制》，中国书籍出版社2011年版，第150页。

③ 肖赞军：《西方传媒业的融合、竞争及规制》，中国书籍出版社2011年版，第150页。

④ 李红祥：“我国未来传媒规制政策的价值取向——媒介融合下美英传媒法制变革的启示”，《新闻界》，2010年第1期，第70页。

的所有权规制。[①]

（二）放松规制的启示

综上所述，西方主要国家放松规制的根本目标是加强传媒产业的市场竞争，降低成本，提高效率，最终实现公共服务和社会效益的最大化。反观我国传媒产业高度集中、严格规制的现实状况，我国媒介融合的发展陷入了市场条块分割、地方保护盛行、行业壁垒重重和部门封锁严重的实际困境中。现实告诉我们，面对媒介融合的发展趋势，我国政府必须改革既有的媒介规制。

1. 放松经济性规制，为媒介融合的发展创造宽松的市场环境。

放松经济性规制并不意味着放纵与放任，而是放松规制与强化规制同步，在加强社会性规制的同时，刺激现有广播电视业按照竞争规律更加规范地开展市场经营活动，充分发挥市场的资源配置作用，整合现有资源，优化产业结构。这是提高中国传媒产业整体实力的有效途径。具体而言，放松经济性规制的内容包括：

第一，在放松市场准入限制的同时，实行偏向于新进入者和市场弱者的非对称规制。在中国，行业、地区和媒介之间的壁垒与垄断已经严重阻碍了传媒产业的个体和总量方面的扩张。[②] 在这种壁垒森严、垄断严峻的现实中，媒介市场的新进入

---

① 肖赞军：《西方传媒业的融合、竞争及规制》，中国书籍出版社 2011 年版，第 191 页。

② 戴元初："中国传媒产业规制的解构与重构"，《新闻与传播》，2006 年 5 月。

者和弱势者处于产业发展的劣势地位，但更恶劣的是，我国的媒介规制却习惯于偏袒在位强势企业的利益，阻碍新进入者和弱者的市场发展。这需要我国政府在放松媒介市场准入限制的同时，实行偏向于新进入者和市场弱者的非对称规制，对新进入者和市场弱者给予政策优惠的同时，实行宽松、简化的规制。

第二，在放松所有权限制的同时，发展公营企业特殊法人。公营企业这种特殊法人不仅出现在公共广播与商业广播并存的欧洲广播电视业中，也存在于商业广播盛行的其他发达国家，如日本的 NHK 就是采用这种法人组织形式的。根据所有权配置和经营方式的不同特点，传媒企业除了国有和私营这两种形式外，还存在公营这种特殊的法人组织。公营企业的设立需依据特殊法律进行企业自主运作，这解决了我国传媒集团长期以来政企不分的困扰。目前，我国传媒集团被定性为“国有独资的事业单位”，承担着既宣传又经济的双重任务，虽然传媒集团的自主权较以前扩大了许多，但是传媒集团的事业单位属性使其自身与政府的关系没有发生实质性改变。公营企业的自主性和公益性既保证了我国传媒集团的国有属性，又保障了集团自主经营的市场主体地位，因此，我国传媒集团适合采用公营企业形式进行事业单位改革。①

第三，在放松资本市场限制、放宽资本准入规则的同时，建立多种投融资渠道。改变传统的投资过分依赖政府、投资主体单一化的状况，激发民资与外资的活力，创建规范有效的民资与外资进入渠道，从过去的直接干预媒介经营向建立多种投

① 金雪涛：“英国广播电视业规制之借鉴”，《华东经济管理》，2004 年 4 月第 18 卷第 2 期，第 90 ~ 91 页。

融资渠道和有效资本市场转变。另外，还需完善传媒企业的市场退出机制，使市场退出机制成为资源配置的有力保障。

就中国目前的行业现实而言，中国传媒业可以按照“事业”与“产业”的属性进行分类，实行“公益性传媒事业”和“经营性传媒产业”区别运作，即对不同属性的传媒和传媒业务采取不同的市场准入制度和所有权制度，并在融资渠道和管理模式方面实施区别对待①：“公益性传媒事业”要坚持以政府为主导，以提高公共服务为重点，构建中国媒介的公益服务体系；“经营性传媒产业”则要以市场为主导，以转企改制为重点，建立中国媒介的市场经营体系。②

2. 鼓励竞争原则，为媒介融合的发展营造公平的竞争环境。

竞争是市场经济的基本法则。随着新媒体技术的不断发展，媒介融合已成定局，电信业与广播电视业之间既互融互通又彼此竞争，打破了广播电视业中已有企业的垄断地位。同时，随着我国资本市场的逐渐放开和直播分离的广泛推行，我国广播电视业不仅面临着来自国内其他产业的业务竞争，还承受着境外电视业的竞争压力，如2003年我国已经批准境外30家电视频道有限落地。只有从过去的单靠政策倾斜与支持向营造公平竞争的市场环境转变，激发传媒企业的竞争能力，才能使中国的传媒企业或媒介集团在全球化的媒介融合进程中争得一席之位。具体做法如下：

一是打破单一的国有产权格局，培育产权多元化的市场主

① 丁和根：“我国传媒业经济成分和产权制度改革取向分析”，《新闻大学》，2007年2月，第8～12页。

② 景朝阳：“论公共性传媒与经营性传媒的分类法律规制”，《晋阳学刊》，2004年6月，第100～103页。

体。打造媒介市场的多元主体，总的来说，是指既要将“新闻媒体中的广告、印刷、复制、发行、传输网络部分”以及“广播电视节目制作与销售部门”分期分批地完成国有传媒的“转企改制”，完善国有传媒企业的法人治理结构，推进国有媒介的产权制度改革；又要实行投资主体多元化，在媒介市场中培育具有规模经济效益和集约化经营能力的非国有传媒企业，最终形成“以公有制为主体、多种所有制共同发展”的传媒产业结构。

二是打破地区垄断，拆除行业壁垒，创建全国性的统一开放市场。跨行业、跨地区、跨媒介、跨级别是媒介融合的发展方向。然而，我国长期以来是按照行业和区域划分来分配资源和发展产业的，导致行业、地区、媒介和级别之间的壁垒重重、垄断严峻，资本市场封闭，资源流失严重，最终阻碍了媒介融合在中国的发展。可见，破除行业、区域、媒介和级别之间的壁垒和垄断，形成全国性统一开放的市场是极为重要的。

二、强化规制的措施与启示

西方国家在实施放松规制的同时，也十分重视媒介市场秩序的维护和消费者权益的保护，并没有放弃法律法规对媒介规制的义务和责任，主要从规制市场结构向规制市场行为转变，通过规制传媒机构的各种行为来强化媒介规制，实现放松规制与强化规制并举。

（一）强化规制的措施

不论是放松规制还是强化规制，西方国家对媒介实施政府规制的最终目标是，为传媒业的发展营造良好有序的竞争性市

场、培育公平有效的产业发展环境，同时保护公众利益，保障公共服务，达到经济效益与社会效益的双发展。可见，西方国家的强化规制主要是针对损害市场效率和公共利益的行为，主要措施如下：

1. 强化垄断行为规制。

反垄断一直以来是西方发达国家对传媒产业进行规制的核心主题。纵观世界各国反垄断的实践，存在规制垄断结构和垄断行为两种情况。根据媒介融合的发展现状，各国政府对垄断行为的规制主要围绕以下几个方面展开。

（1）强化具有市场势力的传输网络运营商的义务。各国政府主要采取非对称规制方式限制主导运营商的市场势力，并通过立法对其接入和互联义务做出详细规定，主要内容包括：各类信息传输网络对广播电视服务开放的义务，各类传输网络和服务平台为全体公民提供普遍接入服务的义务；本地用户环路的非绑定义务；网络基础设施与设备共享义务；等等。此外，在额外义务方面，如欧盟在“2002 年电子通信规制框架”中规定了“透明义务”“非歧视性义务”“财务分开义务”“接入和使用特殊网络设施义务”“价格规制和成本核算义务”“零售服务规制义务”“提供出租线路的最低数量义务”等。[①]

（2）强调商业媒体所应承担的普遍服务义务，如“商业有线电视网、卫星电视网为公共广播和地方广播电视媒体提供传输服务的义务，商业广播电视媒体在播出内容方面承担比过去

① 肖赞军，《西方传媒业的融合、竞争及规制》，中国书籍出版社，2011 年 6 月版，第 151 ~ 153 页。

更多的社会责任和公共服务义务”等。①

（3）加强媒体并购行为的规制。这是各国加强垄断行为规制的典范。在判定媒体并购活动合法性问题上，一些国家增加了判断标准，“不仅要判断并购活动是否符合新规则，而且要检查并购活动是否符合公众利益”，即英国《1996年广播电视法》建立的“公共利益测试”标准。如果并购活动损害公共利益，规制机构有权叫停并购行为。②

2. 强化节目行为规制。

在一贯信奉自由主义的西方国家，尽管对传媒节目行为的规制可能会因牵涉“新闻自由”而成为敏感问题，但这并不意味着西方国家对节目内容放任自流、不加规制。事实上，西方国家在本国法律和政策框架内，为规范管理节目行为做出了详细规定和体制性安排。

（1）节目配额规制。为了维护本国的文化传统和文化多样性，许多国家都实行节目播出配额制，以欧洲最为典型。文化主权和文化安全牵连着世界各国的经济和政治问题，一直是各国政府关注的焦点之一。尤其是在卫星电视兴起、美国“好莱坞文化”向全球进军之后，再加上商业媒介集团的大肆扩张，如何维护本国文化的独立性、有效抵御美国文化的侵蚀、抵制媒介商业化，便成为除美国外其他国家共同研究的课题。在欧洲，许多国家以“多元文化论”抗衡美国的“单边文化战略”，在广播电视节目方面实行节目播出配额制。早在1989年，欧洲

① 肖赞军：《西方传媒业的融合、竞争及规制》，中国书籍出版社2011年版，第151～153页。

② 肖赞军：《西方传媒业的融合、竞争及规制》，中国书籍出版社2011年版，第151～153页。

议会便通过《无国界电视指令》，以确保播放欧洲影视作品的时间额度，为欧盟各国的影视节目配额规制提供了法规依据。[①] 2005年底，澳大利亚新规制机构通信媒体管理局通过颁布《2005年广播服务（澳大利亚内容）标准》，对澳大利亚境内的节目传输配额、儿童节目等做出了详细的规定。[②]

（2）节目内容监管。西方各国普遍将节目内容的监管分为两个方面，一是互联网内容监管，二是广播电视节目内容监管。国际上，对在互联网上传输的内容和广播电视节目内容实行不同程度的监管，对通过广播和有线电视网络传播的节目内容监管普遍要严于通过互联网等新媒体技术传播的广播电视内容。对互联网上的内容监管主要是通过技术手段实行分级制，但并不直接干涉互联网上传播的内容，只是倡导行业自律。例如，美国联邦通信委员会于1997年3月27日公布的《网络与电信传播政策》报告在对网络媒体与传统媒体进行比较评估后，主张政府政策应避免对互联网内容的不必要管制，指出传统媒体管理规范不完全适用于网络管理。

然而，对广播电视节目内容的监管则十分严格。西方各国主要是通过分级和禁止两种手段，对危害青少年儿童身心健康、侵犯个人隐私以及损害社会安定的节目内容进行严格监管。法国是世界上率先采用电视节目分级制度的国家之一，各电视台根据最高视听委员会的要求将播出的节目分为5个级别，4个不

① 姜飞："欧洲的文化保护意识和策略"，《对外大传播》，2005年第10期，第36页。

② 肖赞军：《西方传媒业的融合、竞争及规制》，中国书籍出版社2011年版，第187页。

宜的级别必须在节目播出前标示出，以提醒家长和未成年人。[①]德国则根据青少年收看节目的时间段对节目内容进行播出和接收的安排，确保所有可能损害青少年身体、心理和道德发展的节目内容均不得安排可能被青少年收看到的时间段中播出。[②] 在英国，电影或电视节目必须由电影审查局做出播出等级认证，电视台必须按照《独立电视委员会节目准则》的规定对不同等级的节目内容做出“时间编排”，[③] 对涉及个人不幸、犯罪事件等隐私内容进行严格的“分类规定”[④]。此外，英国政府还吸纳了欧盟于1989年出台的《电视无国界指令》中关于广播电视内容规制方面的规定，将内容规制分为3个层次，即基本要求、特殊要求和自律要求，加强了内容监管。美国《1996年电信法案》规定：由广播电视业界自主建立对节目的暴乱、色情和低俗程度划分等级的系统；制片商和电视台必须实现等级信号和节目的一体化，并与节目同时播出；凡美国制造或进口的电视机（画面大小13英寸以上者）必须装有能捕捉节目等级信号的过滤芯片；对网络色情传播要追究刑事责任并处以罚款。[⑤]

值得一提的是，国际上对于电信和广播电视融合性业务的

---

① 张咏华、曾海芳：“德国和法国大众传播领域对未成年人的保护”，《新闻记者》，2009年9月，第88页。

② 张咏华、曾海芳：“德国和法国大众传播领域对未成年人的保护”，《新闻记者》，2009年9月，第87页。

③ 转引自英国《独立电视委员会节目准则》之“第一条关于违反良好品位或违反礼仪的内容及描写暴力内容的规定”，http://rti.cn/info.asp?id=20010802a00040005。

④ 转引自英国《独立电视委员会节目准则》之“第二条关于个人隐私保护和信息收集等的规定”，http://rti.cn/info.asp?id=20010802a00040006。

⑤ 转引自“美国电视分级制度”，维基百科，http://zh.wikipedia.org/zh/。

内容监管仍未解决，主要是对 IPTV 等融合性业务的定义还存在争议。其争议的主要焦点在于如何定义 IPTV 的业务性质，即 IPTV 是属于广播电视传输业务还是属于信息服务。如果把 IPTV 定义为信息服务，那么，IPTV 的节目内容将适用于互联网内容的管理规则；如果将其视为广播电视业务，则将受到比较严格的节目内容监管。这是各国政府必须探究的共同课题，有待新的监管措施和规制政策出台。[①]

（3）外资准入限制。在境外资本进入本国传媒产业问题上，世界各国政府一直都采取了严格的限制措施，以此抵制国外资本和产业的入侵。美国法律明文规定，美国广播电视网的执照不得发给非美国公民，外资超过 25% 的企业不得参股广播电视网，换言之，美国政府不允许外国公司、外国公民或其代表在美国拥有 100% 的执照所有权，只允许外国公司作为母公司持有 25% 以下的媒体执照所有权。[②] 法国政府规定，所有欧盟投资者拥有任何私营频道的股份不得超过 25%；而非欧盟国家禁止拥有有线电视的绝大部分股权，非欧盟国家或欧共体成员的经济合作国家不得直接或间接拥有 20% 以上的股份，不得直接或间接参与用法语播出的地面电视或广播节目。[③] 日本法律则明文规定，禁止外国公司、外国公民或其代表在日本拥有电台或电视台（《电波法》第 5 条），也不能成为“委托广播”业者（《广播法》第 52 条），并规定了外资在地面电台、电视台和卫星电

① 黄春平、余宗蔚：“媒介融合背景下我国数字内容的监管难题与解决路径”，《深圳大学学报（人文社会科学版）》，第 27 卷第 2 期，第 141 页。

② 陈晓宁主编：《广播电视新媒体政策法规研究：国外法规与评价》，中国法制出版社 2001 年版，第 4 页。

③ 黄玉：“法国的视听保护政策”，《中国记者》，2001 年，第 4 页。

视中的比例上限为20%，在卫星广播设备拥有者中的比例在33%以下。[①]

3. 强化广告行为规制。

广告是传媒产业的主要商业模式之一，是媒介机构最重要的收入来源。由于广告的商业逐利性损害了传媒产业的公益性和服务性，迫使各国政府对广告行为做出了一定程度的约束和限制，主要针对广告的播出数量、播放内容和播出方式三个方面进行规制，尤其是对公共广播电视的广告规制，更加严格。

（1）播放数量规制。美国联邦通信委员会明确规定：电视网及各电视台在黄金时段（18：00—24：00）每60分钟的节目中，广告时间不得超过9分30秒；其他时间段每60分钟的节目中，广告时间不得超过16分钟。[②] 德国政府规定：国营电视台从周一到周六全天内，只可以播放总共20分钟的广告，没有用完的时间可以在以后的时间里补播，但是每日补播广告的时间最多不得超过5分钟；对于电视广告的播放频率，无论是国营电视台还是私营电视台，每小时内最多只能播放总共12分钟的广告，每次播放广告的时间不得超过6分钟，在每两次播放广告的时间段内至少要间隔30分钟；商业电视台每天的广告播出时间长度不得超过当天节目总时间长度的20%。[③] 法国则规定，公共电视台和商业电视台每天播出广告的时间平均为每小时6

① 阎成胜：“日本政府对广播电视业的管理及对我国的借鉴作用”，《中国广播电视学刊》，2001年，第5页。

② 转引自“欧美国家对电视广告的规定限制”：http：//media. news. sohu. com/09/34/news214743409. shtml。

③ 刘俐：“德、法电视管理体制探析”，《电视研究》，2000年第11期，第66页。

分钟，但是每小时最多不超过 12 分钟。[①]

（2）播出内容规制。美国联邦通信委员会明确规定，“禁止播放香烟、算命、测字、摸骨、占星、看手相等广告”[②]。加拿大对一些特殊商品广告的规定也特别严格，如食品、药品和化妆品广告，必须经政府审查通过后，才可以在电视台、电台播放；烟酒类商品不准在电视、电台上做广告等。[③] 在英国，负责电视广告监管的独立电视委员会对医药广告文字的规定有 36 条 50 多款，涵盖医药、治疗、保健营养和食品添加剂五大类。[④] 法国视听最高委员会按照《传播自由法》对电视广告的内容做出规定：禁止播出含有政治、宗教、暴力和色情等内容的广告；禁止播出烟酒广告、处方药和麻醉品广告、文艺产品和流通业广告以及保险、招聘和求职广告；广告禁止使用法语之外的其他语言。[⑤]

（3）播放方式规制。西方国家规定，不仅电视连续剧，而且纪录片、谈话节目、新闻节目也都要求到“自然中断”时才能插播广告，不能突然中断正常节目而强行插播广告，否则观

---

① 刘俐：“德、法电视管理体制探析”，《电视研究》，2000 年第 11 期，第 67 页。

② 转引自“欧美国家对电视广告的规定限制”，http：//media. news. sohu. com/09/34/news214743409. shtml。

③ 转引自“欧美国家对电视广告的规定限制”，http：//media. news. sohu. com/09/34/news214743409. shtml。

④ 转引自“欧美国家对电视广告的规定限制”，http：//media. news. sohu. com/09/34/news214743409. shtml。

⑤ 刘俐：“德、法电视管理体制探析”，《电视研究》，2000 年第 11 期，第 67 页。

众很难接受。[①] 德国政府规定，无论是公共电视台还是商业电视台，都不能在正式节目之中插播广告，但如果正式节目时间长度一次超过60分钟，可在开始播出前预报时播出一次。[②]

（二）强化规制的启示

就媒介融合发展的事实而言，技术、市场、业务及产业的融合逐渐消除了行业边界，打破了区域界限，带来了大媒体产业的发展。然而，目前中国传媒业的现实是，行业、地区与市场的壁垒森严、垄断严重。鉴于媒介融合发展与中国传媒业现状的矛盾，我国对媒介的强化规制应以规制垄断行为为根本，引导传媒在规范、有序的竞争基础上向多方面、多角度、多层次的合作方向演进。

1. 加强规制手段的法治化。

市场经济既是自由经济，也是法制经济，法律制度是市场经济发展的根本保障，法律所具有的强制性、规范性和纲领性保证了市场经济运行的低交易成本，因此，法律制度应是政府规制的根本准则。从西方发达国家对媒介融合规制的变革可以看出，在强化规制的过程中，政府就媒介机构的不同市场行为制定了完善、细致的法律法规，虽然不同国家的法律体系各不相同，但是法律法规的制定是既有原则性，又有操作性，对传媒企业的市场垄断行为、媒介机构的节目行为和广告行为的规制都有法可依、有据可循。

对中国而言，从媒介融合规制变革的整体来看，国家需要通

---

① 转引自“欧美国家对电视广告的规定限制”，http：//media. news. sohu. com/09/34/news214743409. shtml。

② 刘俐：“德、法电视管理体制探析”，《电视研究》，2000年第11期，第66页。

过立法对媒介市场行为强化规制的具体内容、方向和目标做出明确规定，不仅使其受到法律法规的确认和保护，而且使其避免“人治”带来的随意性规制的危害。到目前为止，中国对广播电视业的管理，规制效力等级最高的一部法规是1997年8月国务院通过的《广播电视管理条例》，另外还包括《广播电视设施保护条例》等4部行政性法规，《广播电台、电视台设立审批管理办法》《广播电视无线电管理办法》等100多件部门规章，其中没有涉及广播电视业的市场竞争与垄断行为的完整的法律法规。

2. 加大内容生产的支持力度，大力发展本国内容产业。

作为社会意识形态的代表，任何媒介内容产品都具有显著的外部性，这种外部性主要体现在传媒产品的内容传播上，即当媒介产品传播了良好的价值观念和健康的道德思想，对整个社会产生了有利影响，就是正的外部性；当媒介产品传播了错误的价值观念和不健康的道德思想，对整个社会产生了不利影响，则是负的外部性。正是考虑到媒介内容产品的外部性特征，西方国家通过扶持措施，加强本国传媒产品的生产。其扶持措施可分为两类：第一类是一些特设的政策干预，通过限制进口竞争性非国产影片和节目资料帮助国内制作商，如德、法等欧洲国家对音像制品的进口限制；二是为国内制作商提供补助金来增强他们的竞争力的政策支持办法，如欧洲国家对本土影视制作提供公共津贴和补助金等政府资金扶持的做法。①

西方各国高度重视传媒内容产业的培养和发展，除了设立干预政策和资金扶持政策等外，还在节目内容的制作环节上进

① 吉莉安·道尔著，李颖译，胡正荣审：《理解传媒经济学》，清华大学出版社2004年版，第119页。

行多种限制，如前文提及的节目配额制与外资准入限制，都是为了保护并促进本国内容产业的发展而设立的措施。作为内容制作的保障手段之一，制播分离很早便受到各国政府规制的支持，如美国政府曾于1970年通过“金融利益及辛迪加”法案干预电视垂直供应链，促使独立电视制作公司和辛迪加的快速发展，为美国影视产品的全球竞争优势和内容产业的发展奠定了基础。[①] 又如在韩国，“制播分离”是强力推行的一项措施，一是通过节目配额制，规定三大网需要播出的外制节目比例，二是通过基金贷款，扶持独立制片商。[②]

众所周知，在传媒渠道过剩的年代，媒介融合发展的根本力量便是内容产业的发展，“内容为王”早已成为传媒产业的共识。虽然国内的一些大型传媒机构已深刻意识到这一点，就中国传媒产业的整体状况而言，国家对传媒内容产业发展的重视程度仍然不足，对内容产品生产的实质性支持和保障措施仍然不够，尤其是对那些独立制作公司和民营媒介机构的支持力度，仍未到位。所以，对照西方发达国家的做法，我国可以从政策支持、资金扶持和制播分离三个方面加大对传媒内容产品生产的扶持措施。

第二节　分立规制向融合规制转变

在媒介融合的背景下，传媒和通信领域的产业融合使市场结构从过去的纵向分立逐渐向横向融合转变，并在内容融合、

① 吉莉安·道尔著，李颖译，胡正荣审：《理解传媒经济学》，清华大学出版社2004年版，第14页。

② 刘燕南：“公共广播体制下的市场结构调整：韩国个案（下）”，《现代传播》，2003年5月，第87页。

网络融合和终端融合的基础上形成崭新的生产形态和商业形态。以往适应于纵向分立产业特征的规制模式已经越来越不适应于横向融合的产业结构现状，传统媒体的纵向分业规制遭遇了前所未有的严峻挑战。因此，世界各国纷纷改革在产业分立时代建立起来的纵向分业规制，向符合融合需求的横向融合规制转变。

一、分立规制转向融合规制的措施

由媒介融合引起的、从分立规制转向融合规制的变革，主要表现在规制机构的改革和规制政策的演变两个方面。

（一）设立融合的规制机构

就产业分立时代的传统规制机构的实际情况而言，世界各国对电信和广播电视的监管方式有 3 种类型：一是由国家设置的独立规制机构对电信和广播电视业实行统一监管，如美国联邦通信委员会（FCC）和加拿大广播电视电信委员会（CRTC）；二是由多个不同的独立规制机构对电信和广播电视业实行分立监管，如 2003 年之前的英国是由电信管理局（OFTEL）、广播标准委员会（BSC）、独立电视委员会（ITC）、无线广播局（RA）和无线通信管理局（RCA）5 个部门对电信和广播电视业分别进行管理，又如法国对通信领域的监管机构分别由负责监管传输网络、频道的“电子通信与邮政管理局”和专司内容监管、频率分配的视听最高委员会（CSA）组成；三是由不同的政府部门和行政机构（非独立规制机构）对电信和广播电视业实行分离监管，如中国对电信和广播电视业的监管主要涉及

工信部和广播电视总局两大部门。[①]

为了应对电信业与广播电视业的融合发展趋势，世界各国的规制机构呈现出一个明显的变化，即从分立机构向融合机构转变。2001 年，日本通信主管部门邮政省与自治省、总务厅合并为一个大部门“总务省”，并在其之下设立信息通信政策局和综合通信基础局两个下属机构。[②] 2003 年 1 月，新加坡政府将原有的广播管理局（SBA）、电影和出版局（FPD）和电影委员会（SFC）整合为一体，成立了传媒发展局（MDA）。[③] 2003 年 7 月，英国政府引入了一种全新的传媒监管机构，经由英国议会批准通过的《2003 通信法案》授予英国政府成立通信管理局（OFCOM）作为新的国家电信与广播电视行业的管制机构，取代原先的电信管理局（OFTEL）、广播标准委员会（BSC）、独立电视委员会（ITC）、无线广播局（RA）和无线通信管理局（RCA）5 个部门。2005 年 1 月，澳大利亚政府在合并原来的通信管理局（ACA）和广播电视管理局（ABA）的基础上，整合成立了新的独立规制机构——通信与媒体管理局（ACMA），并从 2005 年 7 月 1 日起掌管通信、电视广播、声音广播和网上服务业的事务。[④] 同年 7 月，德国组建了联邦网络管理局，主要负责电信、邮政、电力、煤气和铁路等行业的规制。2008 年 2 月，

---

① 肖赞军：《西方传媒业的融合、竞争及规制》，中国书籍出版社 2011 年版，第 143～179 页。

② 转引自人民网（日本版），http：//japan. people. com. cn/2001/01/09/riben20010109_ 677. html。

③ 转引自新加坡传媒发展局官网，http：//www. mda. gov. sg/AboutUs/Overview/Pages/default. aspx。

④ 转引自澳大利亚通信与媒体管理局官网，http：//www. acma. gov. au/WEB/STANDARD/pc = ACMA_ ORG_ OVIEW。

韩国政府对通信业及广播电视行业的原有规制机构进行了重大调整，解散原先的信息通信部和广播委员会，成立了新的融合管制机构——广播通信委员会，并从韩国文化体育观光部手中接过与广播电视相关的管制职能。①

（二）制定融合的规制政策

1. 美国的融合规制政策。

美国是世界上最早应对信息融合、制定融合规制政策的国家。早在1993年9月，美国政府公布了由副总统艾尔·戈尔直接领导的“国家信息基础设施”行动计划，即著名的“信息高速公路计划”，并提出了该计划实施的9项原则：一是通过税收和法规政策，促进民间企业投资；二是扩展“全民服务”概念，政府有责任保证所有美国人都能以负担得起的价格享用信息资源；三是发挥催化剂作用，促进技术创新和新的应用；四是促进国家信息基础结构以“无缝的”、交互式的、用户驱动的方式运行；五是保证信息安全和网络的可靠性；六是改进无线电频谱管理；七是保护知识产权；八是协调与各级政府以及其他国家的行动；九是提供利用政府信息的机会，并改善政府的采购活动。美国“信息高速公路计划”的总体目标旨在建成一个透明性的、交互式的、用户驱动的、保证信息安全和网络可靠的全国范围的信息网络。②

在“信息高速公路计划”之后，美国分别于1994年2月在

① 转引自“韩国成立融合的广播通信委员会”，中国信息产业网，http：//www.cnii.com.cn/20080623/ca523873.htm，2008－12－31。

② 曹津生：“美国‘国家信息基础结构（NII）：行动计划’解析”，《信息系统工程》，1995年11月，第8卷第4期（总第32期），第58～59页。

七国集团部长级会议上提出“全球信息基础设施”（Global Information Infrastructure）计划、于1996年10月出台“下一代互联网”（Next Generation Internet）计划、于1997年10月公布“互联网Ⅱ”计划、于1998年5月颁布《美国政府保护重要基础设施的白皮书》。① 这些计划与方案成为美国融合规制政策的起源，奠定了美国融合规制框架的基础。

1996年2月，美国在对《1934年通信法案》进行全面调查和大规模修订的基础上，颁布了一部关于电信和广播电视业等信息产业之间融合的基本规制政策，即《1996年电信法案》（Telecommunications Act of 1996），这是美国在将近62年中对其电信法做出的首次大幅修正。该法案的总体目标是减少国家的干预，提升电信市场的竞争力。

《1996年电信法案》的具体内容如下：一是关于“电信服务”，规定了电信业者的一般性责任及所有地区性电信业者（Local Exchange Carriers，LECs）与其他既有地区电信业者（Incumbent Local Exchange Carriers，ILECs）的义务；二是关于“广播服务”，公布了政府规划广播频谱的执照与权利的设定及发放给现有电视台转成数位电视的广播执照的规定，明确了由此类执照产生的收入使用、广播执照条款、更新广播执照的程序、直接广播卫星服务、自动船只遇险及安全系统，以及空中（over－the－air）接收装置等相关限制；三是关于“有线电视服务”，规定了《有线电视法》的改革事项，如电话公司提供的有线电视服务、对电信服务的先占特许权利的规范、视讯节目的

① 杨绍兰：“美国政府的信息政策对其信息化建设的影响”，《国外社会科学》，2004年第1期，第63页。

接取性、导航设备的可得性等；四是关于“法令修改”，取消原有法规的自制限度范围（regulatory forbearance）、双年度法规报告、法规救济和多余的委员会法规；五是关于“犯罪行为”，对有线电视的猥亵节目、非订户偷接有线电视频道、偷接成人视讯服务节目、有线电视业者拒绝搭载特定节目等犯罪行为进行明确规定；六是关于“相对于其他法律的效益”，规定了其他法律在有关家庭直销的地区税率方面的先占适用性；七是关于“其他条文”的补充，防止透过免付费电话来对资讯或服务实施不公平的收费、消费者资讯隐私问题、设施建置、无线频率射出标准、电信发展基金以及规划拨款依据等。[①]

《1996 年电信法案》对电信和广播电视业的融合产生了积极的作用。第一，为基础设施与设备的互联互通提供了保障，《1996 年电信法案》规定，“主导电信企业必须为竞争者提供任意点接入服务以及对竞争者提供平等合理的非捆绑价格”，并要求本地电话交换商必须做到“让竞争对手也可以使用己方的 POLE 和线盒等设施或设备”，以此在所有基础设施与设备之间建立“协同性”和“连通性”。[②] 第二，打破长话和市话互不经营的局面，促使本地市场与长话市场的开放，使消费者在长话市场享受到最便宜的服务。《1996 年电信法案》允许市话公司与长话公司相互进入对方市场，本地电话运营商可以向 FCC 申请兼营长话业务。第三，破除电信与有线电视业之间互不进入的局面，促成电信公司与有线电视公司之间的交叉经营，《1996

① 转引自“最新历史版本：1996 年美国电信法”，科技中国网，http://www.techcn.com.cn/index.php?edition-view-150222-0，2010-02-02。

② 约翰·帕弗里克，周勇、张平峰、景刚译：《新媒体技术——文化和商业前景》，清华大学出版社 2005 年版，第 236 页。

年电信法案》允许有线电视公司提供电话服务，且享有公平接入地方电话网络的保障，同时允许电话公司与有线电视公司之间相互持股。第四，放宽对广播电视所有权的限制，促成产业内资源重组。

2. 欧盟的融合规制政策。

继美国电信法案调整后，许多国家和地区纷纷开始探索融合规制政策的改革与制定，回响速度最快的属欧盟。事实上，早在20世纪80年，欧盟便先于美国开始着手建立统一的媒介市场和媒介规制体系，如欧盟分别于1984年和1989年发布“关于建立广播电视共同市场的绿皮书”和《电视无国界指令》，旨在创建统一的广播影视市场。又如，欧盟理事会于1986年发布指令，开始建立统一的广播电视规制体系。然而，欧洲各国公共媒体与商业媒体共存的特殊现实导致不同性质的传媒机构对媒介规制的要求各不相同，进而影响了融合规制政策的统一订制。在欧洲市场上，许多大型的商业传媒集团迫切地要求订立更为自由的融合法案，进一步开放欧洲市场，如新闻集团和斯普林格集团赞成融合立法提案和更为自由的市场，而小型的市场业主和公共广播公司则极力反对。①

1997年，紧随美国出台新电信法案之后，欧盟发布了一份应对技术融合和产业融合的指导性文件——“关于电信、媒体及IT技术融合的绿皮书”，将电信、媒体及IT技术之间的融合定为未来信息社会的基本架构。1999年3月，欧盟委员会出台了关于“三网融合”指导性原则的108号文件，并于一年后

① 蔡雯、黄金：“规制变革：媒介融合发展的必要前提——对世界多国媒介管理现状的比较与思考”，《国际新闻界》，2007年3月，第61页。

（2000 年 3 月）提出了“电子欧洲”战略。

2002 年，欧盟出台了《电子通信网络与服务的统一监管框架》，统一规范了电信网络、有线电视网络及相关的网络服务。该框架由欧盟议会和理事会颁布的六个指令、一个决定和两个行政文件组成，在网络和业务层面（不包括内容制作）对电信、广播电视、有线电视等产业建立了融合的规制框架，同时规定“所有欧盟成员国必须于 2004 年 5 月 1 日前将其转化为国内法律，适用于通过电子方式传输的通信服务，包括无线与固定、数据与语音、互联网与交换电路、广播业务和点到点的个人通信业务”。① 欧盟对电子通信领域建立一个新的、统一的规制框架，旨在鼓励并维护市场的有效竞争，为创立新型的公司提供市场机会，从而最终让消费者享受到更低廉、更多样、更优质的电信服务。

相对于网络和业务的统一规制而言，欧盟在内容规制上尚未出现“融合”趋势。② 从欧盟发布的关于内容规制的具体文件来看，1989 年出台的《电视无国界指令》是对传统电视进行统一规范，执行较为严格，遵守“来源国原则”；2005 年颁布的《电子商务指令》是对信息服务进行统一管理，规制较为宽松，不必遵守“来源国原则”；2007 年在修改《电视无国界指令》的基础上，由欧盟委员会一致通过的《视听媒体服务无国界指令》是对从传统电视播放到新兴按需电视服务在内的所有视听

---

① 转引自“分析：国际电信监管对我国的启示”，互联网实验室网站，http：//www.chinalabs.com/html/jiaodiandaodu/jichudianxin/2009/0408/3295.html，2007－06－08。

② 肖赞军：《西方传媒业的融合、竞争及规制》，中国书籍出版社 2011 年版，第 170 页。

媒体服务进行统一监管，[①] 不受传播方式的限制。几经修改和指定的各种指令文件都旨在促进欧洲文化工作和独立视听产品的发展，推动视听媒体服务朝真正的内部市场方向迈进，使欧洲的视听内容产业更具活力和竞争性。

3. 欧洲主要国家（英、法、德三国）的融合规制政策。

产业分立时代的英国不仅对电信和传媒产业实施分业规制，而且对公共广播电视和商业广播电视也实行分离监管，使信息产业领域多个规制机构和多种规制政策同时运行。依据欧盟委员会于2002年通过的《电子通信网络与服务的统一监管框架》的指令，英国不仅对其通信产业管理机构进行了重大变革，对电信和传媒产业的规制政策还进行了重大修正。2003年7月，英国政府出台《通信法》，取代1984年的《电信法》。为应对融合需求，作为英国通信领域中最具权威的根本性法律——新《通信法》对电信和传媒业的规制政策做出相关调整：一是废除许可证制度（无线频谱除外），改用一般授权。这种无须申请许可证即可获得授权的做法不仅具有放松规制的一般意义，更是融合规制的体现，这意味着，在技术许可的条件下，只要不违背公平有序竞争等原则和条件，电信和广播电视业的任何企业都可以进入任何相关领域，推动产业融合。[②] 二是在无限频谱领域引入频率许可证交易制度，允许频率许可证进行整体或部分的转让，并规定通信管理局可以对频谱交易的有效性实施管理。以上政策的调整都旨在创造一个有效竞争的、融合的通信市场。

---

① 唐建英："《视听媒体服务指令》与欧盟新媒体内容规制初探"，《第六届亚太地区媒体与科技和社会发展研讨会论文集》，2008年。

② "英国新《通信法》修改通信业监管框架"，《通信企业管理》，2003年第9期，第5页。

同是出于遵循欧盟2002年《电子通信网络与服务的统一监管框架》指令要求，法国在通信领域规制政策的大幅调整主要包括：首先，在规制框架上，取代原有的四个规制框架，实行欧盟重新定义的18个主要市场的规制框架，从具象规制向一般规制转变；其次，在电信市场上实行一般授权，以代替过去名目繁多的许可证制度。① 与英国通信领域的规制变革相比，法国融合规制政策的调整相对缓慢。

德国对通信领域的融合规制政策调整也是在欧盟2002年框架指令的要求下进行的。1997年，德国联邦政府和州政府出台了两个层面的法律文件，即联邦层面的《联邦信息和通信服务法》和州一级层面的《新媒体服务州间协议》。《联邦信息和通信服务法》对“电信服务”进行了规制，《新媒体服务州间协议》对“媒体服务”进行了界定，并由此确定了联邦政府在传输网络上和州政府在内容服务上的规制权力。2004年6月，德国政府颁布了旨在进一步放松电信市场的新《电信法》，取消了1996年《电信法》规定的四类许可证中涉及“电信网络及服务”批准的规定（除无线电频率外），只要求企业在开始提供服务或服务改变、停止时必须在一定的时限内通知管理部门。②

4. 其他西方主要国家（加、澳、日三国）的融合规制政策。

相较于其他西方国家，加拿大的媒介融合壁垒在产业分立时代就比较小，一是加拿大广播电视电信委员会是对无线广播电视、有线电视和电信实行统一监管的唯一规制机构，二是加

① 李国斌：“英法澳电信管制和立法介绍（一）”，《通信世界》，2002年第7期，第30~31页

② 续俊旗、陈金桥、Bernd Holznagel等：《中欧电信法比较研究》，法律出版社2008年版，第135~136页。

拿大在通信领域的规制不存在交叉准入的限制，电信与有线电视业的企业可以相互进入对方市场提供服务。因此，加拿大应对媒介融合进行的融合规制政策的调整相对比较容易。一是重组了广播电视电信委员会的内部结构，成立了专司新技术、新产业、新服务的“产业分析、经济与技术部”；二是对新媒体融合服务直接免于规制，不仅不对互联网实施监管，而且还颁布了《新媒体豁免令》，规定通过互联网传播的广播电视可免于申请许可证，手机电视业务则完全免于规制。①

澳大利亚应对媒介融合进行的传媒、通信规制变革始于2003年英国新《通信法》出台之后。2003年，澳大利亚通信管理局通过一个规划通信业未来发展的研究项目，开始探讨融合规制政策的制定与实施。2004年，由通信管理局公布的名为“透视2020年：通信产业的未来前景及对规制的思考”的研究报告指出未来16年由融合带来的重大规制挑战及其应对措施，由此开启了澳大利亚在传媒、通信领域融合规制政策的改革之路，其重要举措是在合并通信管理局和广播电视管理局的基础上，组建了融合规制机构——通信媒体管理局。②

日本于2001年1月组建融合规制机构总务省之后，主要通过立法对传媒、通信领域的融合规制政策进行相关调整。首先，日本于2001年6月颁布了《利用电信服务广播法》，大幅度解除了对卫星电视、有线电视使用电信设备的规制，促使电信运营商利用其网络传输广播电视节目；其次，日本政府通过《促

① 肖赞军：《西方传媒业的融合、竞争及规制》，中国书籍出版社2011年版，第184页。

② 肖赞军：《西方传媒业的融合、竞争及规制》，中国书籍出版社2011年版，第187页。

进开放通信广播电视融合技术法》的制定和实施，推进电信与广播电视融合技术的进一步开放和广泛应用；再次，日本总务省于2009年8月通过召开“信息通信审议会”一致决定通信和广播电视领域原10部法律法规合并制成“信息内容法”“传输业务法”“传输设备法”3部法律，促使融合法律框架的制定；最后，日本从2000年至2005年先后提出了各种包含融合规制思想的信息化发展战略，将信息技术产业分为解决层、平台层、终端层和网络层4个层面，由此奠定了分层规制框架的基础。[①]

二、分立规制转向融合规制的启示

中国正处于“三网融合”的市场准备阶段，而西方发达各国早已进入“三网融合”的市场深化阶段。[②] 西方国家从分立规制向融合规制转变中所实行的变革措施，不仅对中国现阶段的“三网融合”具有借鉴意义，对中国媒介融合的发展也具有启示作用。

（一）建立适合中国国情的融合规制体制

在产业分立时代，世界各国在传媒、通信领域的规制体制大相径庭，有的是分立的，有的是融合的。但是在媒介融合时代，建立和完善融合规制体制已经成为各国应对融合挑战的关键之举，体制融合又以成立统一的规制机构为分界点。纵观世界各国在融合规制体制建设方面的特点，可以将融合规制体制

① 肖赞军：《西方传媒业的融合、竞争及规制》，中国书籍出版社2011年版，第190～191页。

② 续俊旗、陈金桥、Bernd Holznagel等：《中欧电信法比较研究》，法律出版社2008年版，第103页。

分为两种类型：一类是设立了统一的规制机构，如美国的联邦通信委员会（FCC）在区分电信和广播电视的基础上实行统一监管，又如英国的通信管理局（OFCOM）不区分电信和广播电视直接实行统一监管；另一类是并未成立统一的规制机构，对网络和内容实施分开监管，但是在法律和体制的框架内对传媒和通信领域实行统筹管理、协调发展，如法国分设广播电视监管机构——最高视听委员会（CSA）和电信监管机构——电子通信与邮政监管局（ARCEP），又如我国香港地区分设网络监管机构——电讯管理局和内容监管机构——广播事务管理局。可见，建立融合规制体制、进行融合监管是大势所趋，这需要统筹电信与广播电视的监管，在规制机构设立中，对网络监管和传输网络实行分开管理。

从世界各国在融合时代的媒介规制政策变迁历程来看，各国的融合规制体制和规制政策又各不相同，即使在遵循统一电子通信网络与服务监管框架的欧盟地区，英、法、德三国的融合规制体制也并非完全一样。第一，英、法、德三国设立的规制机构融合程度不同。英国的通信管理局是完全融合的规制机构；法国的最高视听委员会和电子通信与邮政监管局是两个独立的规制机构，分别监管广播电视和电信；德国对传媒和通信领域设立的规制机构又不同于英法两国，它不完全由国家掌握，地方各州均设有媒体管理局，由各州自己管理自己的广播电视事业。第二，英、法、德三国与融合规制体制相配套的法律体系也不尽相同。英国于2003年公布的新《电信法》对传媒和通信及网络和内容实施统一规范和监管；法国则由《传播自由法》和《电信法》分别对传媒和通信领域实施法律规制；而在德国，其《宪法》规定，“联邦政府只拥有邮政和电信事业的立法权，

建立广播电视台的立法权则由各州掌握”①，这使德国对广播电视与电信实施监管采用的是多部基本法律。因此，建立什么样的融合规制体制，与本国的政体等具体国情有关，我国融合规制体制的建立必须要与中国国情相适应。

（二）实施相应的融合规制政策

融合规制政策是推动媒介融合发展的关键。如上所述，融合规制体制的建立是与政体等具体国情相关联的，但是融合规制政策的制定在世界各国的不同体制与政体下具有明显的趋同性，即以促进传媒和通信领域技术融合、市场融合、业务融合及产业融合为根本目标。不论是否形成融合规制体制，世界各国为应对媒介融合制定并实施了相关的融合规制政策，主要涉及以下两个方面的内容。

1. 电信与广播电视业务的双向准入。

业务融合是传媒产业融合三个阶段中继技术融合后的第二个阶段，它意味着市场结构和企业行为开始发生转变。从媒介融合的发展实践来看，原属电信业的业务和服务与原属广播电视业的业务和服务已经从最初的业务边界模糊化状态发展为现在的业务渗透和交叉阶段。许多早已意识到这一深刻变化的国家和地区纷纷制定融合政策，允许并支持电信与广播电视的双向进入。

从“双向准入”政策的具体倾向来看，主要具有以下两大特点。第一，各国普遍对电信业采取竞争开放的放宽准入管理，

① 魏佳：“德国广播电视体制探究”，《新闻爱好者》，2008 年 7 月（下半月），第 83 页。

但是对进入广播电视业的准入条件则相对严格一些。如英国《2003年通信法》规定，电信业务的经营实行一般授权制，申请电信业务无须许可证，而经营广播电视业务则仍需要许可证；美国《1996年电信法》规定，“经营电信业务无须获得许可，经营有线电视业务则需要获得许可”，直到2006年年底，美国联邦通信委员会修订了本地特许制度，取消进入本地电视市场的限制，才大大改善了电信公司开展IPTV的制度环境。第二，在对融合性业务的监管上，广播电视企业和电信企业都可以经营，对双方都采取较为宽松的管理办法。如加拿大1999年颁布的《新媒体豁免令》规定，利用互联网传播广播电视的业务（IPTV）可以免于申请许可证；日本2002年出台的《电信业务广播法》放宽了对通过电信网络传输电视节目的规制，推动了IPTV业务的发展；德国、新加坡等国家将IPTV等融合性业务作为广播业务监管，适用于广播电视法律，并允许电信企业经营。

2. 网络与技术的中立。

在我国，“网络和技术中立”不仅是学术领域内的盲点，更是操作实践中的空白。“网络和技术中立”始于2005年下半年在美国开演的“网络中立”（network neutrality）之争，“大多数互联网用户认为宽带网络应该是一个中立的网络，其运营方式应该是中立的方式，宽带网络提供商应该扮演中立的角色”①。按维基百科的解释，“网络中立”是一种应用于社区宽带网络并可能对所有网络都有效的基础原则，是指“一处免费为社区提供的宽带网络，应对多数人配属的设备和使用的通信模式保持

---

① 付玉辉：“美国‘网络中立’论争的实质及其影响”，《国际新闻界》，2009年7月，第91页。

中立，且不因一种通信而降低另一种通信的服务等级”①。

这场发生在美国且越演越烈的“网络中立”之争直指“是否需要维护平等接入互联网权利”，其实质是“在产业融合的市场环境中互联网企业与电信运营商之间利益以及部门利益与公共利益冲突的必然结果”。面对多种利益间的冲突，对于监管传输网络的规制机构而言，是“加强对电信运营商和有线电视运营商的管制并为互联网用户和互联网公司提供更大的自由，还是采取‘脱手互联网’的政策而减少对电信运营商和有线电视运营商的管制”，这是规制机构当前面临的管制难题。②

融合规制政策必然要求各国政府实施网络与技术中立，即允许运营商自行选择相应的网络进行内容传播，不会因为传输网络的不同而受到歧视性规制。例如，欧盟的2002年《电子通信网络与服务的统一监管框架》认为，无须考虑传播内容的种类，而将“电子通信网”定义为“广播与电视网以及有线电视网、卫星网络、固定（电路交换和分组交换）网络及互联网、移动地面网和电缆系统在内的电磁手段传输信号的其他资源”③。基于这一指令，无论是在建立统一规制机构的英国，还是在对传媒和通信领域分设两个监管机构的法国，还是在具有国家和地方等多个规制机构的德国，欧盟各国都已经将该指令的要求转化为国内法律并落实执行，只是各国的具体做法略有不同。

---

① 转引自“网络中立性”，维基百科，http：//zh. wikipedia. org/zh/% E7% BD% 91% E7% BB% 9C% E4% B8% AD% E7% AB% 8B% E6% 80% A7。

② 付玉辉：“美国‘网络中立’论争的实质及其影响”，《国际新闻界》，2009年7月，第91~93页。

③ 转引自朱金周：“英国三网融合的体制与政策”，2007-04-11，电子网，http：//www. 21ic. com/news/semi/200704/18556. htm。

又如，中国香港地区在修订《广播条例》和《电讯条例》时，对网络设施的监管也进行了统一梳理，将原来属于《广播条例》规范范围的广播电视网络设施纳入《电讯条例》进行规范，从而确定了网络及技术中立的内容监管原则。

3. 建设和完善传输网络的基础设施与设备。

为应对融合发展带来的挑战，世界各国都开始着手传输网络的基础设施建设，但各国的建设情况大不相同。自 1996 年美国政府开发电信与广播电视业市场以来，美国有线电视运营商便开始大规模投资改造和升级已有有线电视网络，并于 2003 年基本完成有线电视网络的升级改造工程。经过这次传输网络的升级和改造，美国有线电视公司以“Cable Modem”宽带业务进入电信市场，其宽带接入和语音传输业务的收入已占全美有线电视运营商总收入的 40% 以上，取得了很大的成功。然而，欧盟各国在媒介融合的发展上仍然受到基础设施和设备不足的限制。例如，在法国，虽然电信业进入广播电视业较为成功，但是由于需要投入大量的资金铺设新网络、开发新设备，广播电视业进入电信业务领域的道路就困难重重了。又如，在英国，虽然所有英国家庭在 2005 年年底都实现了宽带上网，但是其家用带宽相对较窄，不足以支持高清电视等更高端业务的运行，这已经成为制约 IPTV 发展的重要因素。在中国，近年来广播电视系统加强了网络双向改造和光纤入户改造，相继完成了先进宽带基础设施的改造工程，但是中国的电信业在升级和改造传输网络方面的动作缓慢，这需要电信业加快下一代网络建设，并实现光纤到户。

中国媒介融合规制变革的对策思路

“媒体/政府之间的关系与媒体/广告商之间的关系非常相似。这种关系都是出于双方共同的利益，但又不是完全平等的。在危机到来之际，政府能够制定相关的法规，对由媒体传播的信息进行完全的控制，而在平时，政府则是以直接或间接的方式对媒体进行管理和规制。”

——［英］格雷姆·伯顿（Graeme Burton），《媒体与社会：批判的视角》

“如果我们在法治社会与市场经济的基本制度方面，经过改革奠定一个扎实的基础，那么在几个确定程度很高的规制基础上，就不但能够帮我们应对未来还可能带来危机的不确定性，而且也能够帮我们获得未来的机会、运气和财富。”

——周其仁，《中国做对了什么》

第一节 构造融合性规制框架

媒介融合作为媒介发展的国际趋势，虽然在世界各国和地区都受到普遍认同和追捧，但是其在中国的推进却困难重重。因为媒介融合的发展不仅遵循自身技术、市场和产业的内在逻辑，还深受国内媒介政府规制的影响。规制政策调整的滞后、融合所面临的种种壁垒、市场准入条件的约束、投融资渠道的制度性障碍以及人才资源的匮乏等种种限制性社会因素已然成为制约媒介融合在中国进一步发展的因素。在众多社会性限制条件中，传统媒介规制框架无疑是最主要的阻力之一。伦敦城市大学传播政策研究生项目主任埃斯菲迪丝（Petros Iosifidis）提出了“规制融合”（regulatory convergence）概念，即“通过展开一系列媒介技术、市场和产业融合的媒介规制变革，建立

一个能够适应所有融合领域的共通的规制框架"①。因此,"一个能够适应所有融合领域的共通的规制框架"的构建和运行是推进媒介融合的关键。

肖赞军在总结世界各国探索新型规制模式的基础上,归纳得出融合时代传媒规制框架变革的国际发展趋势——从纵向分业规制向横向分层规制转换。国内有学者曾撰文指出,中国传统的垂直统合型的媒介产业结构正在趋于解体,并以技术变革为依托向水平分离型转变,新型产业结构的主要特征是水平分离型的"模块化"结构,具有独立性的产业模块之间可以自由组合,形成更有效率、更低成本的信息传播路径。② 结合上述的"产业结构的水平裂变"和"市场结构的横向分层"内容,笔者在遵循"制衡原则""合分原则""中立原则"的基础上,顺应媒介结构的横向一体化发展趋势,构造融合时代的规制框架。

一、建立框架的基本原则

从媒介融合的发展趋势和内在逻辑来看,重构规制框架的首要目标是创造公平有效的市场竞争环境,兼顾市场效率与竞争公平,形成全国统一、开放、竞争的传媒市场,实现媒介资源的有效配置,促进传媒产业和通信产业的融合发展。这一规制目标的实现要求构建融合性规制框架时遵循"制衡原则""合分原则""中立原则"。

① 陈映:"规制变革:媒介融合研究的新定向——基于文献回顾与探讨",《新闻界》,2009 年第 3 期,第 12 页。

② 张志:"论数字时代媒介政策的'模块化'趋势",《国际新闻界》,2008 年 9 月,第 60 页。

（一）制衡原则

媒介融合在产业层面上主要是指新媒体技术发展推动下的传统传媒产业和通信产业从交叉走向交融的过程，因此，媒介融合形态具有明显的产业属性。[①] 因为传媒产业和通信产业的自然垄断属性，媒介融合在形成之初便打上了自然垄断的烙印。从媒介融合的发展进程来看，媒介融合中的产业融合既具有产业垄断性，又具有市场竞争性。一方面，媒介融合内生的产业垄断性在融合技术方面追求统一标准化，在融合市场上寻求产业最大化；另一方面，媒介融合形态的多样性和产品的差异化特征迫使媒介市场实现充分竞争，以此分解传媒经济规模效应基础上的产业垄断性。可见，媒介融合是在产业垄断力量和市场竞争力量的博弈中发展起来的，而且这两股力量又是一对相互抗衡的矛盾。只有当这两股力量达到平衡时，才能“实现技术标准化和产品差异化共同作用而成的规模最大化”[②]，进而致使媒介融合产生的经济效益最大化。但是，仅凭市场机制的自然作用是难以平衡垄断和竞争之间的力量博弈的，这就需要规制力量加入到鼓励竞争、抑制垄断中来，才能完成垄断和竞争之间的平衡。因此，产业垄断和市场竞争间的“制衡原则”便成为构建融合性规制框架的前提原则，“制”即抑制垄断，“衡”即平衡竞争，在自然垄断产业的属性空间下最大限度地释放市场的效率能量。

“制衡原则”主要包括 3 个方面的内容：一是反垄断；二是

① 王菲：《媒介大融合》，南方日报出版社 2007 年版，第 200 页。

② 王菲：《媒介大融合》，南方日报出版社 2007 年版，第 200 页。

放松规制；三是不对称规制。

第一，反垄断原则。这是任何阶段西方规制变革中不变的核心，即对垄断的抑制。即使在鼓励大型传媒集团相互并购、合作的过程中，西方国家仍是垄断的抑制性力量。然而，在中国的现实情形中，政府部门是传媒与通信领域垄断的行政支持力量，这必然加深地区垄断与行业垄断的程度。所以，中国政府推进媒介融合之举必须从打破区域垄断、消除行业壁垒开始，并在规范和鼓励市场竞争中始终坚持“反垄断”原则。

第二，放松规制原则。自20世纪90年代末美国实行电信法修正案以来，世界各国纷纷实行以市场为导向的竞争性规制，允许更多的企业进入传媒和通信领域，积极推动产业融合。然而，我国“积极推进三网融合”政策与西方国家“积极鼓励产业融合”政策之间存在实质性差距，仍需政府部门进一步降低广播电视业和电信业的融合门槛，保障公平、无歧视的市场准入，保障市场竞争的公正和资源配置的高效率，保障投融资渠道的多样化和常态化，实现真正意义上的市场自由化。

第三，不对称规制原则。这是各国政府在规制实践中应对不对称竞争时所遵循的基本原则。不对称竞争是指“实力相差悬殊的企业以不对等或者不同的方式在存在不对称限制和激励因素的市场中的竞争”①，其根源是不对称竞争市场的存在。在中国，“不对称竞争市场”的产生主要源于我国省际、区际内按照行政级别划分传播资源和媒介市场的行政垄断行为，这需要政府部门在不同区域、不同传媒子产业领域对新旧企业实施不对称规制。但是，不对称规制是一种短期行为，要随着新企业

① 黄卫伟：《不对称竞争》，企业管理出版社2008年版，第1页。

竞争实力的上升而逐渐取消，最终实现对称规制和公平竞争。

（二）合分原则

媒介融合消解了技术、业务、市场及产业等多种边界，打破了传统传媒产业纵向分立的分业状态，按照媒介产业链的活动环节形成“内容融合”“渠道融合”“终端融合”的横向分层结构。因此，媒介融合一方面是在原有的分立基础上进行跨媒体、跨行业、跨产业的融合，另一方面是在新价值链的作用下进行融合的同时发生横向分层。理所当然，这就要求融合时代规制框架的重构既遵循“整合”原则，又依照“分离”原则。“合分原则”是重构规制框架的根本性原则。

第一，整合原则，即媒介融合规制框架符合跨媒体、跨行业、跨产业的统一整合要求。媒介融合在传媒产业的子系统内激发的创新力与增长欲，成为各产业之间发生业务联系、进行技术共享的天然动力。这天然动力必然要求媒介融合的规制框架在宏观上进行全景和远景的统一架构，突破技术壁垒、市场壁垒和产业壁垒的桎梏，形成多媒体、多行业、多产业的规制统一性。

第二，分离原则。媒介融合打破了产业分立存在的旧格局，使报刊业、广播电视业、电信业等不同形态的产业在“内容层”、“渠道层”和“终端层”上形成了横向分层结构，实现了内容与传输的分离。这必然要求新的规制框架从过去的纵向分业向横向分层转变，实行内容与传输的分离规制。

（三）中立原则

中立原则是指“许可企业可以自由地选择某种技术来提供某种业务”，主要包括技术中立和业务中立两方面的内容，即在

技术层面和业务层面进行自由选择。在内容与传输实施分离规制的基础上，中立原则是架构融合性规制框架的保障性原则，它既可以实现对不同业务和不同技术的统一规制，又可以发挥媒介资源合理配置的市场机制作用。坚持技术中立和业务中立的中立原则已然成为世界各国进行融合规制改革时普遍遵循的原则。然而，在中国，由于新闻传播与意识形态紧密关联的特殊性，出于维护意识形态安全考虑，在重构规制框架的过程中彻底、全面地实施中立原则仍存在一定的现实阻碍。①

技术中立原则运用于互联网环境中，便称为"网络中立"。网络的创造者秉承"终端对终端"的设计理念，即意图使网络以最简单的方式存在，优先考虑网络所需的智能功效，并将此定为网络设计的根本目标。依据该设计理念，网络设计者很少关心对网络及其用户行为的控制，从而产生了"网络中立"的观念，即网络提供者不对网络传输的内容进行区别对待，好比网络就是公路，并不区别也不关心任何驾驶员，因为网络的目的不是提供各种信息或服务，而只是将网络上的事物进行互联互通。网络中立原则使人们能够自由创造，设计出可操作的实用性产品。②

二、融合框架的具体内容

在遵循上述"制衡原则""合分原则""中立原则"三大原则的基础上，顺应媒介结构的横向一体化发展趋势，笔者重构

---

① 肖赞军：《西方传媒业的融合、竞争及规制》，中国书籍出版社 2011 年版，第 214 页。

② 梁志文："云计算、技术中立与版权责任"，《法学》，2011 年第 3 期，第 87 页。

融合时代的规制框架，主要由规制内容和规制模式两部分组成。在规制内容上包括同属社会性规制的节目服务规制与知识产权规制和同属经济性规制的进退规制与价格规制；在规制模式上则包括基于横向分层的内容与传输分离规制模式。具体情况如图 6－1 所示。

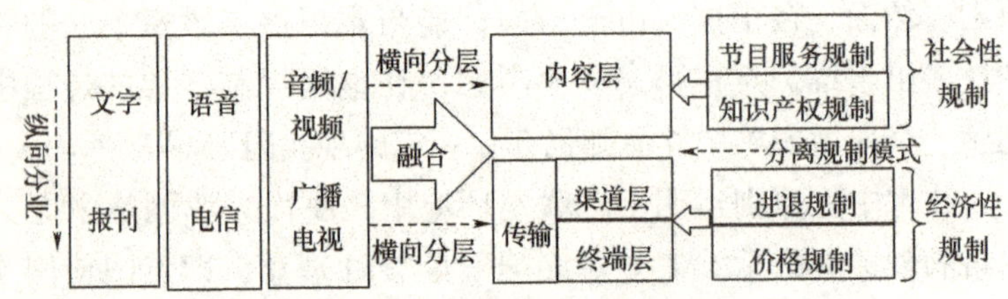

图 6－1　媒介融合规制框架

（一）规制内容：经济性规制和社会性规制

从媒介政府规制基本手段分析，重构规制框架的具体内容主要包括经济性规制和社会性规制。根据媒介政府规制基本理论，经济性规制主要是媒介规制机构针对媒介产业的市场进退、价格结构、价格水平等方面做出的政府规制，是以抑制媒介产业的自然垄断、维护市场竞争的良好环境及刺激市场竞争的活力为目标的。[①] 由于传媒领域的特殊性和多样化，其产生的问题并不是经济性规制所能完全解决的，社会性规制正是因此才得以产生和广泛运用。媒介的社会性规制主要是对传媒领域进行节目服务规制、知识产权规制、职业道德规范等，以此达到维护社会稳定、保障消费者权益以及保证行业风气等目标。

① 吴曼芳：《媒介的政府规制》，中国电影出版社 2008 年版，第 22～54 页。

1. 节目服务规制。

首先是节目内容规制，是指对内容产品的直接管理。在西方国家管理内容产品的措施中，较为成熟且对中国的节目内容规制具有较大借鉴意义的当属“分级制”和“配额制”。在中国的实际操作中，除了内容审读手段外，中国政府对节目内容产品的监管主要依赖于社会价值和公共道德的自律性约束，不仅对影视节目没有形成明确的分类和分级监管细则，更不存在公益性节目与经营性节目、本土节目和进口节目的配额规定。随着民营力量、外资力量积极进入数字内容的制作领域，新媒体时代的媒介经营性节目内容和业务服务逐渐增多，不仅影响了公益性节目的制作和播出，而且会带来经济利益驱使下的媚俗化和低俗化现象。由此可见，对节目内容的规制需要设定明确的内容和程序，具体地说，一是设立节目内容审查委员会；二是根据公益性和经营性的节目性质实施分类管理，对民生、公共服务等公益性节目实行无障碍播出机制，对经营性节目实施分级管理制度，并对公益性节目和经营性节目实施配额制，保障公益性节目制作播出的数量和质量；三是对国外引进的节目，在播前审查的基础上，完备对其播出时长和播出时段的具体规定，明确播出数量，实行进口节目配额制。

其次是业务服务规制，是指对传媒和通信领域提供的融合性服务的管理，包括服务内容和服务质量的管理。在媒介融合时代，传媒和通信领域融合产业链上的业务服务提供者已经扩充为数字内容提供商、内容渠道运营商、数字终端提供商、数字技术服务商等多个市场主体，且相互间互通联动性大大增强，这必然要求政府加强对其服务质量的管理，主要是制定具有强制约束力的服务质量标准化管理，加强服务质量不达标时的惩

罚性措施。例如，在IPTV业务中，消费者会针对付费点播的响应速度、定制节目的个性化满足程度等提出自己的服务标准和质量要求。另外，有学者提出建立企业服务水平等级测评制度、企业服务状况调查制度、企业服务状况信息公示制度等借鉴自服务类行业的做法。①

2. 知识产权规制。

虽然过去知识产权保护在中国一直处于弱化状态，并从这种状态中获得了科技产业的快速发展，但在面临新的发展任务时，这种格局亟须改变。目前，中国已进入自主创新、塑造原创品牌的阶段。在传媒与通信领域的融合中，需要对知识产权进行结构性的积极合理保护，这种保护一方面将形成对更多创新创意活动、创新专利成果涌现的激励，并使知识产权专利变得更加繁荣、更有价值；另一方面，在传媒与通信融合的产业扩张中，让风险投资者看到更多的潜在投资利润，从而在市场上引发更多的创新与增长。中国媒介政府规制要想成为推动媒介融合发展的推动力，理应率先推进知识产权的保护，构建形成知识产权系统的正向反馈机制，并培育新的以科技为基础的企业和产业。加强知识产权保护的主要方式如下：

第一，促进和支持知识产权的获取。围绕发展知识产权市场，联合国家知识产权局、国家版权局、商标局等国家部门进一步建立健全新媒体技术专利登记中心、数字版权登记中心、商标权登记中心以及服务体系，完善版权、专利、商标的管理服务，鼓励、支持并资助文化企业、科技企业、创意人才、研

---

① 陈蓉："中国电视媒介产业政府规制研究"，中国科学技术大学博士学位论文。

发机构等主体和个人主动、及时申请与注册相关权利，促进融合创新发展中知识产权的取得，特别是移动互联网时代市场前景好、商业潜力大、未来市场竞争构建的核心知识产权。围绕股权激励试点，加快推进国家财政性资金设立科研项目创新突破的知识产权处置权、收益权改革，提升科研机构研发人员的自主创新动力。

第二，推动知识产权交易平台建设。围绕知识产权获取之后的专利转让、版权转移、商标授权等知识产权的价值释放，依托国际版权交易中心、中国技术交易所等知识产权要素市场，积极推进产权交易市场平台建设，引导和支持市场主体参与，推进交易规则的完善、标的产权的设计与交易范围的拓展、做市商制度的健全，打造集交易、评估、质押、投资、融资等功能于一体的知识产权交易平台，以此加快产权交易市场的发展，带动对知识产权的保护和尊重。

第三，推动知识产权价值评价体系建设。在知识产权要素市场建设基础上，积极引导和支持技术经纪机构和经纪人、版权代理机构和代理人、知识产权评估机构入驻发展，推进建立多元化、多层次的知识产权市场交易服务体系，鼓励和支持为专利主体（专利人）、版权主体（版权人）提供专业的知识产权服务，促进知识产权交易市场的繁荣。

3. 市场进入规制。

市场进入规制的核心是交叉进入规则。媒介融合使传媒业和电信业依照产业链的活动环节实现了内容层、渠道层和终端层等多个维度的融合。从技术层面来看，过去传统的出版业、广播电视业和电信业所使用的技术手段和相关设备是相互独立、存在明显差异的，但是媒介融合使它们之间的技术差异日趋缩小，当它们都采用了数字技术之后，所有相关行业在网络、渠道、终端、平台上最终实现了畅通无阻地交往。从业务层面分析，借助数字技术、移动技术和网络技术的支持，传媒产业和通信产业的业务结构和产品结构发生了紧密联系，它们之间的多项服务从交叉逐渐走向融合，实现了信息的生产、分配和交换上的互通、互补。从市场结构层面来看，随着融合产品和融合业务不断进入市场，传媒业和通信业之间的联系更加紧密，原本具有清晰边界的市场结构逐渐发展成网状结构，很难分清业务和产品到底分属于哪个市场，一个融合产品可能既属于同一市场，又不是原来意义上的统一市场。如此紧密的融合联系必然要求政府放宽传媒和通信领域之间的交叉进入规则，降低彼此市场的准入条件，实现传媒产业和通信产业之间的相互进入。但是，在中国，一直实行的是广播电视和电信之间的"双向禁入"政策，即使是在"三网融合"启动后的今天，广播电视系统仍牢牢控制着电视媒体的节目内容制作和播出平台，紧紧地抓住广播电视业务的经营权，将电信企业严格地防控在传媒业务的大门之外。

目前，在中国如何实现传媒企业和通信企业的双向进入，不仅是重构规制框架的核心内容，也是推动"三网融合"取得实质性发展的关键步骤。关于传媒企业和通信企业的双向准入，需要明确以下 4 个问题：一是双向进入的领域；二是双向进入的程度；三是双向进入的途径；四是双向进入后实现产业目标的方式。[①] 虽然在中国已经出现了广播电视和电信"双向禁入"

---

① 肖赞军：《西方传媒业的融合、竞争及规制》，中国书籍出版社 2011 年版，第 213 页。

有所松动的迹象，但是我们仍然需要清楚地意识到，实施“双向准入”困难重重，最主要的原因是部门利益冲突已经积重难返。另外，放宽资本准入是融合时代世界各国媒介规制变革的趋势，因为它符合融合产业作为资金密集型产业对吸引投资的要求。在资本准入方面，中国政府可以根据横向分层的结构，放宽传输网络领域的资本进入限制，以此吸纳更多的投资来弥补媒介融合的资金缺口。

4. 价格规制。

价格规制是体现社会公平和公众利益的指标，主要包括价格水平规制和价格结构规制，其中，以价格水平规制为重点、以价格结构规制为补充。政府部门实施价格规制的目的主要有两点：一是保障传媒产业的良性竞争和公平运转，激发传媒产业的创新行为，最终实现传媒产业的长足发展；二是监管占据市场主导地位的经营者的市场行为，确保媒介产品或服务的价格不要严重超出大众所能承受的范围，避免超额利润的产生，维护公众利益。

在媒介融合时代，融合产品经营模式和产业运营模式都发生了巨大变化。与此相适应，融合产品和融合业务的价格形成机制也必须做出相应的调整。以IPTV中的付费点播业务和节目定制服务为例，付费点播价格机制和节目定制价格机制的制定显得尤其重要。在融合产品和融合业务的价格规制上，我们可以：第一，设立公益性价格规制和经营性价格规制两套标准不同的规制体系；第二，对公益性服务业务部分，既可以实行听证会制度，综合各个阶层消费者的意见后，以当地弱势消费者可承受的价格范围为底线收取服务费用，也可以仅仅收取基本维护费，实行公益服务的义务；第三，对经营性服务业务部分，主要通过市场经济的价格调节机制，由市场来决定价格水平。

（二）规制模式：内容与传输分离规制模式

“内容与传输分离规制模式”是在“产业结构的水平裂变”和“市场结构的横向分层”的基础上，将内容监管与传输经营分开，分别由不同的机构来负责管理。这种模式使内容和传输之间求得了均衡解：既可以统一监管传输网络，促进网络、渠道、终端、平台的全面整合，实现融合产业的长远发展；又可以统一进行内容审查，确保内容不会因为传输网络的不同而受到不同管制，避免内容不受控制，维护意识形态的安全。基于分离规制模式的正面效应，国内有专家曾提出，“可以将广播电视业务一分为二，在互联网上进行的、基于IP的广播电影电视节目的传输可以开放，而以传统技术和模式进行的广播电视节目的有线传输和无线传输则不对电信开放”①。

第二节　构建融合性规制体制

在不能适应媒介融合发展现状的种种限制性规制因素中，除传统媒介规制框架外，传统媒介规制体制也是最主要的阻碍之一。改革传统媒介规制体制、构建融合性规制体制是一项涉及政策法律调整、机构变革等各方面内容与问题的综合性系统工程。例如，不仅要求进行适应媒介融合发展需要的规制立法，而且要求实行更具融合性的执法程序；不仅要求建立独立、统一、专业、高效的规制机构，而且要求组建对规制机构具有制

① 邹军：“媒介融合与中国传媒产业规制变革”，《阅江学刊》，2010年6月第3期，第40页。

衡作用的第三方融合性监督机构，建立相应的监督制度。

一、建立融合性的法律体系

在传统的产业分立时代，世界各国和地区依据传输载体的不同特性，制定不同产业的法律，例如电信法、有线广播电视法、新闻出版法等。但是随着新媒体的发展，媒介融合使基于不同载体的内容、渠道等产生汇流。面对媒介融合对政府规制提出的种种调整，西方国家首先从法律框架的重构和相关法律法规的调整入手，开始了规制体制的改革，即“先立法、后改革”。然而，在中国，许多领域的改革往往实行的是“先改革、后立法”。依此看来，构建融合性的法律体系是规制体制改革的前提。

融合性法律体系的建立从规制立法开始。首先是关于传输网络和平台的法律规定。早在2000年9月国务院第31次常务会议上通过的《中华人民共和国电信条例》（简称《电信条例》）在其实施的十多年时间里通过各种补充性文件不断被修改和完善，但这仍然掩盖不了《电信条例》无法适应电信领域变化的事实，可见，相关法律在制定之初就具备了一定的前瞻性。

从目前传媒和通信领域的产业融合情况来看，一部即将出台的、局限于电信业的《电信法》已经完全不能满足媒介融合带来的变化要求，亟须政府部门出台一部可以应对新媒体技术带来的传输网络和平台要求的融合性法律，其中，“应该制定相关条款和法律，放开我国的基础电信领域，降低电信竞争门槛，允许电信、广播电视相互进入，将广播电视和电信的规制内容整合在一起，对进入广播电视业和电信业的条件进行规定，并且对之前不对称进入的规定进行修改，对融合的管理体制的形成奠定基础，进而为电信和广播电视相互进入提供法律依据，使管制机构对融合业务的管制有法可依”①。

除了对传输网络或平台进行统一规制外，还需要对传输网络中“流动”的信息和内容实行统一管理，避免因传输网络的不同而受到歧视性规制或差别化监管。

二、组建融合性的独立机构

关于媒介管理机构的重构，中国政府已经做出了一些有益的尝试。近年来，全国开展了“建立大部门体制，推动大文化发展”② 的试点工作，包括北京、上海、杭州、南京等数十个城市被列为文化体制改革综合试点城市，精简和调整文化、广播电视和新闻出版局等部门机构，实现“三局合一”，探索实行职能有机统一的“大部门体制”③，可以将此改革视为迈向统一规制机构的第一步。但是，不论是“大部门体制”还是“三局合一”，都尚未在中央层面实行改革的具体安排，可见，要真正实现融合性独立机构的组建设想，就必须理顺中央部门之间错综复杂的关系，将中央层面的文化、广播电视、新闻出版和电信管理部门的调整合并提上日程。

---

① 胡丹：“浅析三网融合的法律规制”，《北京邮电大学学报（社会科学版）》，2009 年 4 月，第 11 卷第 2 期。

② 转引自周霁：“建立大部门体制 推动大文化发展”，中国仙桃网，http://z.cnxiantao.com/cjsb_ xiantao/2008 -3/12/0831208365689361797.shtml，2008 -03 -12。

③ 郝继明：“大部门体制：我国行政管理体制改革的新方向”，《领导科学》，2008 年 8 期。

（一）设置原则

1. 法定性原则。

法定性原则是指独立机构的设置应在法律体系内进行，通过立法赋予独立机构监管权责的合法性与权威性，并将独立机构的设置目标、设立原则、设置方式、权责范围、隶属关系等明确写入法律条文中。另外，对独立机构的运行和规制政策的制定与实施都要依据法律行事，以此增强规制的稳定性和政策的连续性。

2. 独立性原则。

首先，在关系上，既要与其他政府部门保持相对独立，使政策的制定和规制的执行不受政府政治、行政等因素的干扰，又要与规制对象——企业不发生联系，使政策的制定和规制的执行不受经济利益的俘获和驱使，以此做到真正的政管分离、政企分开。其次，在职能上，要赋予独立机构相应的独立行政的权力。

（二）机构设置

1. 独立统一的规制机构。

如前所述，中国媒介融合发展中出现设租、寻租等腐败行为，很大程度上是因为政府部门既是规制政策的制定者和监督执行者，又是媒介业务运营的实际操作者，规制机构的这种“既是裁判员又是运动员”的特殊身份导致规制者在规制过程中权力过大、干预过多，而这种膨胀了的政府权力却缺乏外部的公共监管。在政府部门管理的实践中，“一个机构、两块牌子”的现象比比皆是，这就为寻租腐败提供了滋生的温床。因此，应设立法定的、独立的、专业的融合性规制机构，保证规制机构不受政府政治、行政等因素的干预，不受经济利益的俘获和驱使，确保规制规则制定的客观性和公正性。

在设立法定的、独立的、专业的融合性规制机构方面，有许多国家的先行措施值得我们借鉴。美国联邦通信委员会（FCC）作为世界上最早的独立性电信规制机构，对电信业和有线电视业实行统一监管，并直接对国会负责。英国政府于2000年年底在合并5家主要监管部门的基础上，成立了新的统一规制机构——通信管理局（OFCOM），对电信和有线电视进行统一监管。依据中国的现实情况，目前在国内成立类似FCC、OFCOM等规制机构仍有难度，也就是说，在中国只设立一家规制机构的设想难以实现。但是这并不表示独立、统一的规制机构在中国就无法推行。依照融合性规制框架的分离规制模式，在一事一议的立法基础上，可以对应地成立具有独立、法定地位的“国家内容监管机构”和“国家网络监管机构”，通过法律明确规定其责权范围（如图6－2所示）。

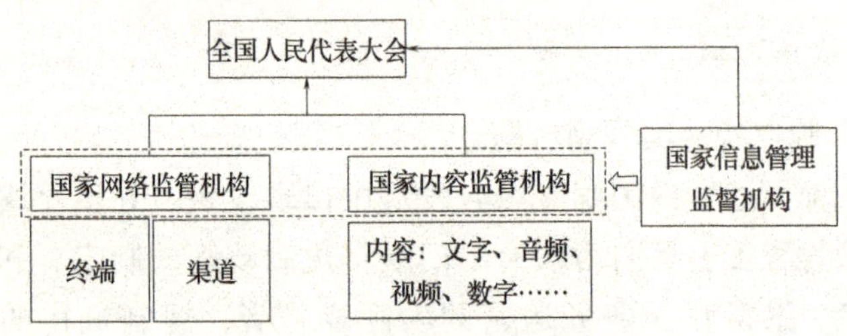

图6－2　融合性独立机构的组建

第一，关于“国家内容监管机构”的设置。该机构成员主要由文化产业、内容产业、新闻传播等领域的专家组成，直接对全国人民代表大会负责。该机构主要针对融合内容实施社会

性规制，兼用经济性规制。例如，对节目内容实行分级制、配额制、事先审查制、事后追责制，对内容提供商进行行业自律和职业道德规范等。该机构的职能涉及国家广播电视总局、国家新闻出版总署、文化部、信息产业部等部门在新闻、文化内容管理方面的职责和权力。

第二，关于“国家网络监管机构”的设置。该机构成员可由通信领域的技术专家、法学家和经济学家组成，也直接对全国人民代表大会负责。该机构主要针对传输网络运营及产业发展实行经济性规制，兼用社会性规制。例如，制定市场准入规则，调节市场结构，发放经营许可证，实施价格规制，监管企业竞争行为，处理业务服务投诉等，既要确保网络使用上的对等接入和公平竞争，实现网络的开放性，又要保障公共利益不受侵害，实现社会效益的增长。该机构的职能涉及国家发展与改革委员会、信息产业部、国家广播电视总局、新闻出版总署等部门在市场、产业监管方面的职责和权力。

2. 独立统一的监督机构。

洛克曾在《政府论》一书中指出，不受监督的权力必然腐败。规制俘虏理论认为，不管规制方案如何设计，规制机构对某个产业的规制实际是被这个产业“俘虏”，其含义是规制提高了产业利润而不是社会福利，即规制者和立法者被产业所俘虏和控制。我们理所当然不能忽视规制俘虏理论的警示，在设立独立、统一的规制机构的同时，应当对其实施外部公共监督，依照法律设立独立、统一的监督机构，并通过法律授予其权责范围。早在 1998 年成立的、对电信产业实施监管的信息产业部，由于缺乏法定、独立的监管机构的约束和监督，其在产业监管过程中很难做到不偏不倚的公平规制，尤其容易受到领导

官员价值偏好的影响，失去了公正、客观的最初目标和规制原则。由此可见，独立、统一的监督机构——“国家信息管理监督机构”的组建很有必要。“国家信息管理监督机构”的主要职责是对上述两大规制机构的监管行为和监管过程实行制度化监督，如对规制程序的公开性和透明性的监督。

参考文献

一、学术专著

[1] 国家广播电影电视总局发展研究中心．国外广播影视体制比较研究 [M]. 北京：中国国际广播出版社，2007.

[2] 曼昆．经济学原理 [M]. 梁小民，译．北京：北京大学出版社，2006.

[3] 植草益．微观经济学 [M]. 朱绍文，等，译．北京：中国发展出版社，1992.

[4] 金泽良雄．经济法概论 [M]. 满达人，译．兰州：甘肃人民出版社，1985.

[5] 陈富良．放松规制和强化规制 [M]. 上海：上海三联书店，2001.

[6] 樊纲．市场机制与经济效率 [M]. 上海：上海人民出版社，1995.

[7] 丹尼尔·F. 史普博．管制与市场 [M]. 余晖，等，译．上海：上海人民出版社，1999.

[8] 陈建华，姜东旭．传媒经济学 [M]. 广州：中山大学出版社，2010.

[9] 喻国明，丁汉青，支庭荣，陈瑞，编．传媒经济学教程 [M]. 北京：中国人民大学出版社，2009.

[10] 于雷．市场规制法律问题研究 [M]. 北京：北京大学出版社，2003.

[11] 吴曼芳．媒介的政府规制 [M]. 北京：中国电影出版社，2008.

[12] 道格拉斯·C. 诺思．经济史中的结构与变迁 [M]. 陈郁，罗华平，等，译．上海：上海三联书店、上海人民出版社，1994.

[13] V. W. 拉坦．诱致性制度变迁理论 [M] //财产权利与制度变迁——产权学派与新制度经济学译文集，上海：上海三联书店，2004.

[14] 陈鹏．制度与空间——中国媒介制度变革论 [M]. 北京：中国书籍出版社，2011.

[15] 韩运荣，喻国明 .30 年来我国传媒经济之演进[G]. 新闻学论集，2008.

[16] 王菲．媒介大融合 [M]. 广州：南方日报出版社，2007.

[17] 徐沁．媒介融合论 [M]. 北京：中国传媒大学出版社，2009.

[18] 尼葛洛庞帝．数字化生存 [M]. 海南：海南出版社，1997.

[19] 匡文波．手机媒体概论 [M]. 北京：中国人民大学出版社，2006.

[20] 吴文虎．传播学概论 [M]. 武汉：武汉大学出版社，2000.

[21] 洛克．政府论 [M]. 刘晓根，编译，北京：北京出版社，2007.

[22] 亚当·斯密．国富论 [M]. 郭大力、王亚南，译，上海：上海三联书店，2009.

[23] 喻国明. 影响力经济 [M]. 南方日报出版社，2003.

[24] 周鸿铎. 传媒经济学 [M]. 北京：中国书籍出版社，2011.

[25] 高建. 西方政治思想史 [M]. 3 卷，天津：天津人民出版社，2005.

[26] 马克思恩格斯全集 [M]. 1 卷，北京：人民出版社，1956.

[27] 李郁芳. 体制转轨事情的政府微观规制行为 [M]. 北京：经济科学出版社，2002.

[28] 科斯，诺思，威廉姆森，等. 制度、契约与组织——从新制度经济学角度的透视 [M]. 北京：经济科学出版社，2003.

[29] G. J. 施蒂格勒. 产业组织和政府管制 [M]. 潘振民，译. 上海：上海三联书店、上海人民出版社，1996.

[30] 道格拉斯 C. 诺思. 对制度的理解 [M]. 北京：经济科学出版社，1994.

[31] 季广茂. 意识形态 [M]. 广西：广西师范大学出版社，2005.

[32] 卡尔·曼海姆. 意识形态与乌托邦 [M]. 北京：商务印书馆，2000.

[33] 张旭昆. 制度演化分析导论 [M]. 杭州：浙江大学出版社，2007.

[34] 丹尼斯·麦奎尔. 大众传播理论 [M]. 北京：清华大学出版社，2006.

[35] V. W. 拉坦. 诱致性制度变迁理论 [M] //科斯，等. 财产权利与制度变迁. 上海：上海三联书店，1994.

[36] 简·冯·库伦伯格，丹尼斯·麦奎尔．媒体政策范式的转型：论一个新的传播政策范式［M］//金冠军，郑涵，孙绍谊，主编．国际传媒政策新视野．上海：上海三联书店，2005.

[37] 赫南·加尔伯瑞．数字电视与制度变迁——美国与英国的数字电视转换之路［M］. 罗晓军，刘岩，张俊，冯兵，译，北京：人民邮电出版社，2006.

[38] 丹尼斯·麦奎尔．大众传播理论［M］. 北京：清华大学出版社，2006.

[39] 卢现祥．西方新制度经济学［M］. 北京：中国发展出版社，1996.

[40] 黄升民，丁俊杰．中国广播电视媒介集团化研究［M］. 物资出版社，2001.

[41] 肖赞军．西方传媒业的融合、竞争及规制［M］. 北京：中国书籍出版社，2011.

[42] 陈晓宁．广播电视新媒体政策法规研究：国外法规与评价［M］. 北京：中国法制出版社，2001.

[43] 吉莉安·道尔．理解传媒经济学［M］. 李颖，译，胡正荣，审，北京：清华大学出版社，2004.

[44] 约翰·帕弗里克．新媒体技术——文化和商业前景［M］. 周勇，张平峰，景刚，译，北京：清华大学出版社，2005.

[45] 唐建英．《视听媒体服务指令》与欧盟新媒体内容规制初探［C］//第六届亚太地区媒体与科技和社会发展研讨会论文集，2008.

[46] 续俊旗，陈金桥，Bernd Holznagel，等．中欧电信法

比较研究［M］. 北京：法律出版社，2008.

［47］黄卫伟．不对称竞争［M］. 北京：企业管理出版社，2008.

［48］邱小平．表达自由——美国第一宪法修正案研究［M］. 北京：北京大学出版社，2005.

二、期刊论文

［49］蔡雯，黄金．《规制变革：媒介融合发展的必要前提——对世界多国媒介管理现状的比较与思考》，《国际新闻界》，2007 年 3 月．

［50］朱春阳．媒介融合规制研究的反思：中国面向与核心议题［J］. 国际新闻界，2009，6.

［51］肖赞军．媒介融合时代传媒规制的国际趋势及其启示［J］. 新闻与传播研究，2009，5.

［52］常凌翀．三网融合，开启媒介融合大时代［J］. 新闻爱好者，2010，3.

［53］侯白强．NGB 对抗互联网之路走不远［J］. 通信产业报，2009－08.

［54］陈力丹，董晨宇．2010 年我国新闻传播学研究的新鲜话题［J］. 当地传播，2011（2）．

［55］黄升民，谷虹．数字媒体时代的平台建构与竞争［J］. 现代传播（中国传媒大学学报），2009（5）．

［56］陈映．规制变革：媒介融合研究的新定向——基于文献回顾与探讨［J］. 新闻界，2009（3）．

［57］蔡雯．从“超级记者”到“超级团队”——西方媒体“融合新闻”的实践和理论［J］. 中国记者，2007－01.

[58] 道格拉斯·诺思．经济变迁的过程 [J]．经济学，2002，1（4）．

[59] 朱春阳．传媒产业规制：背景演变、国际经验与中国现实 [J]．西南民族大学学报（人文社科版），2008－03.

[60] 苗壮．制度变迁中的改革战略选择问题 [J]．经济研究，1992（10）．

[61] 孙玉双，孔庆帅．中国媒介融合的现状与未来 [J]．现代视听，2011（3）．

[62] 陈明玥．电视与网络的媒体融合与发展对策探讨[J]．重庆工商大学学报（社会科学版），2011（12）．

[63] 姚欣．3G 时代：媒介融合成必然趋势 [J]．新闻与写作，2010－03.

[64] 张敬民．广播电视的全媒体时代 [J]．中国广播电视学刊，2010（12）．

[65] 胡正荣，李继东．我国媒介规制变迁的制度困境及其意识形态根源 [J]．新闻大学，2005 年春．

[66] 陈力丹．自由主义理论和社会责任论 [J]．当代传播，2003－03.

[67] 张志．论广播电视业的政府规制 [J]．现代传播，2004－02.

[68] 喻国明，戴元初．羽化前的阵痛——2005 中国传媒产业“关键词”[J]．国际新闻界，2006－01.

[69] 喻国明，苏林森．中国媒介规制的发展、问题与未来方向 [J]．现代传播，2010（1）．

[70] 邵奇，张健．省级广播电视集团跨地域经营策略探析——解读上海文广 2003 年跨地域经营的三大攻略 [J]．新闻

传播，2004（12）.

[71] 黄河．数字化如何改变传媒——聚焦数字化的四大力量［J］．国际新闻界，2009－02.

[72] 郭镇之．广播电视与法制管理——兼论建立中国广播电视的内容标准［J］．新闻与传播评论，2003.

[73] 宋世明．遏制“部门职权利益化”趋向的制度设计［J］．中国行政管理，2002（5）.

[74] 宗兆昌．经济学中的人类观念和对观念的经济学分析——对诺思意识形态理论的补充［J］．江海学刊，2000（4）.

[75] 金雪涛．英国广播电视业规制之借鉴［J］．华东经济管理，2004，18（2）.

[76] 程曼丽．信息全球化时代的国际传播［J］．国际新闻界，2000－04.

[77] 昝廷全，金雪涛．传媒产业融合——基于系统经济学的分析［J］．中国传媒大学学报·自然科学版，2007－09.

[78] 崔兵．制度环境与治理模式选择［J］．孝感学院学报，2011－05.

[79] 王立．我国文化体制改革历程的回顾与启示［J］．长春工业大学学报（社会科学版），2010－01.

[80] 彭兰．Web2.0在中国的发展及其社会意义［J］．国际新闻界，2007（10）.

[81] 蔡雯．试论媒介融合趋势下的新闻创新［J］．今传媒，2008（10）.

[82] 李红祥．我国未来传媒规制政策的价值取向——媒介融合下美英传媒法制变革的启示［J］．新闻界，2010－02.

[83] 戴元初．中国传媒产业规制的解构与重构 [J]. 新闻与传播，2006－05.

[84] 丁和根．我国传媒业经济成分和产权制度改革取向分析 [J]. 新闻大学，2007－02.

[85] 景朝阳．论公共性传媒与经营性传媒的分类法律规制 [J]. 晋阳学刊，2004－06.

[86] 姜飞．欧洲的文化保护意识和策略 [J]. 对外大传播，2005（10）.

[87] 张咏华，曾海芳．德国和法国大众传播领域对未成年人的保护 [J]. 新闻记者，2009－09.

[88] 黄春平，余宗蔚．媒介融合背景下我国数字内容的监管难题与解决路径 [J]. 深圳大学学报（人文社会科学版），27（2）.

[89] 黄玉．法国的视听保护政策 [J]. 中国记者，2001.

[90] 阎成胜．日本政府对广播电视业的管理及对我国的借鉴作用 [J]. 中国广播电视学刊，2001.

[91] 刘俐．德、法电视管理体制探析 [J]. 电视研究，2000（11）.

[92] 刘燕南．公共广播体制下的市场结构调整：韩国个案（下）[J]. 现代传播，2003－05.

[93] 曹津生．美国“国家信息基础结构（NII）：行动计划”解析 [J]. 信息系统工程，1995－11.

[94] 杨绍兰．美国政府的信息政策对其信息化建设的影响 [J]. 国外社会科学，2004（1）.

[95] 英国新《通信法》修改通信业监管框架 [J]. 通信企业管理，2003（9）.

[96] 李国斌. 英法澳电信管制和立法介绍（一）[J]. 通信世界，2002（7）.

[97] 魏佳. 德国广播电视体制探究 [J]. 新闻爱好者，2008-07.

[98] 付玉辉. 美国“网络中立”论争的实质及其影响 [J]. 国际新闻界，2009-07.

[99] 张志. 论数字时代媒介政策的“模块化”趋势 [J]. 国际新闻界，2008-09.

[100] 梁志文. 云计算、技术中立与版权责任 [J]. 法学，2011（3）.

[101] 邹军. 媒介融合与中国传媒产业规制变革 [J]. 阅江学刊，2010-06.

[102] 陈鹏，李彬. 媒介转企改制的产权理论分析 [J]. 中国出版，2011-01.

[103] 郝继明. 大部门体制：我国行政管理体制改革的新方向 [J]. 领导科学，2008（8）.

[104] 胡丹. 浅析三网融合的法律规制 [J]. 北京邮电大学学报（社会科学版），2009，11（2）.

三、学位论文

[105] 陈蓉. 中国电视媒介产业政府规制研究 [D]. 合肥：中国科学技术大学，2009.

[106] 黄炜. 构建广播电视新媒体政策体系研究 [D]. 北京：中国传媒大学，2007.

[107] 谢春林. 中国电视产业做大做强的路径选择 [D]. 上海：复旦大学，2006.

[108] 史小龙．我国自然垄断产业规制改革中的利益集团研究［D］．上海：复旦大学，2005.

[109] 徐沁．泛媒体时代的生存法则——论媒介融合［D］．杭州：浙江大学，2008.

[110] 潘祥辉．中国媒介制度变迁的演化机制研究［D］．杭州：浙江大学，2008.

[111] 于斌．广播电视产业之法律规制研究［D］．北京：对外经济贸易大学，2006.

[112] 张锐．我国电视业制度变迁中的路径选择研究［D］．北京：中国传媒大学，2004.

[113] 李宏博．“三网融合”的规制体制构建问题研究［D］．大连：东北财经大学，2010.

四、外文文献

[114] Blackman C R. Convergence Between Telecommunications and Other Media：How Should Regulation Adapt［J］. Telecommunication Policy，1998，22（3）：163 – 170.

[115] Petros Iosifidis. Digital Convergence：Challenges for European Regulation［J］. The Public，Vol. 9（2002）.

[116] Friedman，Milton. The Methodology of Positive Economics. Essays in Positive Economics［M］. Chicago：University of Chicago Press，1953.

[117] Sue E. S. Crawford，Elinor Ostrom. A Grammar of Institutions［J］. American Political Science Review，1995，89（3）：582 – 599.

[118] W. Russell Neuman. The Future of the Mass Audience

[M]. New York: Cambridge University Press, 1991: 74 -76.

[119] Oliver E. Williamson. The Institutions of Governance [J]. American Economic Review, 1999, 88.

五、网络文献

[120] 新加坡传媒发展局官方网站, www. mda. gov. sg, 2007 - 1 - 14

[121] http: //www. scio. gov. cn/zggk/gqbg/2009/200910/t427869. htm

[122] http: //www. chinaacc. com/new/63/73/137/2006/2/sa62820459152260027120 -0. htm

[123] http: //www. people. com. cn/item/flfgk/gwyfg/1999/112706199901. html

[124] http: //www. scio. gov. cn/zggk/gqbg/2009/200910/t427869. htm

[125] http: //news. xinhuanet. com/newscenter/2002 - 11/17/content_ 632285. htm

[126] http: //baike. baidu. com/view/3704814. htm

[127] http: //business. sohu. com/20070313/n248696500. shtml

[128] http: //news. sohu. com/20060805/n244633254. shtml

[129] http: //finance. sina. com. cn/hy/20061115/11133080269. shtml

[130] http: //baike. baidu. com/view/222761. htm

[131] http: //www. gcircle. cn/GnewsDetail. asp? ID = 195

[132] http: //news. xinhuanet. com/politics/2010 - 01/13/content_ 12804559. htm

［133］中国新媒体发展研究报告（2006 - 2007），www. chinalabs. com

［134］http：//rti. cn/info. asp？ id = 20010424a00040005

［135］http：//news. sina. com. cn/c/2006 - 04 - 03/16239518895. shtml

［136］http：//news. sina. com. cn/o/2006 - 03 - 31/05418574132s. shtml

［137］http：//baike. baidu. com/view/3704814. htm

［138］去中心化和个人媒体时代来临，参考台考省科技产业资讯室的定义，http：//cdnet. stpi. org. tw/techroom/

［139］《独立电视委员会节目准则》之“第一条关于违反良好品位或违反礼仪的内容及描写暴力内容的规定”：http：//rti. cn/info. asp？ id = 20010802a00040005

［140］“维基百科”之“美国电视分级制度”：http：//zh. wikipedia. org/zh/美国电视分级制度

［141］欧美国家对电视广告的规定限制：http：//media. news. sohu. com/09/34/news214743409. shtml。

［142］人民网日本版，http：//japan. people. com. cn/2001/01/09/riben20010109_ 677. html

［143］新加坡传媒发展局官网，http：//www. mda. gov. sg/AboutUs/Overview/Pages/default. aspx

［144］澳大利亚通信与媒体管理局官网，http：//www. acma. gov. au/WEB/STANDARD/pc = ACMA_ ORG_ OVIEW

［145］《韩国成立融合的广播通信委员会》，2008 - 12 - 31，中国信息产业网，http：//www. cnii. com. cn/20080623/ca523873. htm

［146］最新历史版本：1996 年美国电信法，2010 - 02 - 02，

科技中国网，http：//www. techcn. com. cn/index. php? edition - view - 150222 - 0

[147] 分析：国际电信监管对我国的启示，2007 - 06 - 08，互联网实验室网站，http：//www. chinalabs. com/html/jiaodiandaodu/jichudianxin/2009/0408/3295. html

[148] “网络中立性”，维基百科，http：//zh. wikipedia. org/zh/% E7% BD% 91% E7% BB% 9C% E4% B8% AD% E7% AB% 8B% E6% 80% A7

[149] 朱金周：英国三网融合的体制与政策，2007 - 04 - 11，电子网，http：//www. 21ic. com/news/semi/200704/18556. htm

[150] Bruce Garrison，Michel Dupagne. A Case Study of Media Convergence at Media General’s Tampa News Center，http：//com. miami. edu/car/columbia03. pdf

[151] 周霁，建立大部门体制 推动大文化发展，2008 - 03 - 12，中国仙桃网，http：//z. cnxiantao. com/cjsb_ xiantao/2008 - 3/12/0831208365689361797. shtml

致　　谢

提笔写致谢的此刻，我既欢喜又忐忑。欢喜的是收获，以本书的顺利完成为自己的博士学习生涯画上了一个完整的句号；忐忑的是不足，在反复阅读后总觉得仍有许多不尽如人意之处。仔细想来，从一个国际关系专业的学生转向学习传播学专业，这段路走了好多年。在学习过程中，有压力、有迷茫、也有收获，并不如当初想象的那么容易。看到自己在传播学领域专业知识的贫乏，我开始研读传播学的专业书籍，从理论和实践相结合的角度真正理解传播学的内涵与意义。

选择中国媒介融合规制变革作为研究对象，对我是一个不小的挑战，从多专业的理论知识到纷杂的中国现实，从不断出现的新技术到各种新媒体政策的调整，都迫使我思考。与那种单纯的读书的快乐相比，我发现将理论应用于实践来解读中国传播现实问题所带来的激动，正是强烈支撑我继续探索的动力。因此，我首先要感谢的是自己内心对现实问题的好奇与解决问题的激情。

我特别要感谢的是我的导师胡正荣教授。在博士学习的五年时间里，胡正荣教授言传身教，孜孜不倦，他的教诲让我终身受益。关于本书，从选题确定，到框架设计、研究方法选择、资料收集，再到反复修改，在写作完成中的每一个环节，胡正荣教授都倾注了许多的精力和心血，他的修改和提点促使我深入思考。在他的谆谆教导下，帮助我顺利完成了本书的写作。

感谢我的兄长徐轶尊博士，他既是我学习与工作的良师，也是我生活中的益友，他一直引领着我攀越学习和生活中的各

个高峰。在和他的相处中，我既学到了理论知识，也提高了工作能力。在本书的写作过程中，兄长徐铁尊博士给我提出了许多建设性意见，并在细节上帮助我寻找更好的解决方案。

感谢中国传媒大学的雷跃捷教授、范周教授、赵雪波教授和我的硕士生导师张桂珍教授对本书的大力支持，他们经常关心我的写作进展情况，提出了许多很好的修改意见，在讨论中给了我许多启发，使我受益匪浅。

另外，我也要感谢来自中国传媒大学传播研究院相关教辅工作人员的辛勤工作，他们的有效组织和及时指导是我能够顺利完成学业的必要保证，他们是惠焕云老师、汪立宝老师和郑蕾老师。

当然，我还要感谢我的父母，他们为我的成长一直默默地操劳与辛勤地奉献。为了我能够安心写作，在母亲承受巨大病痛的时候，他们都不让我分心半点。他们的无私付出将永远鼓励我一步一步地向前迈进。

图书在版编目（CIP）数据

规制变革：中国媒介融合发展的路径选择研究/徐铁瑛著. —北京：首都经济贸易大学出版社，2015. 8

ISBN 978 - 7 - 5638 - 2355 - 0

Ⅰ. ①规… Ⅱ. ①徐… Ⅲ. ①传播媒介—体制改革—研究—中国 Ⅳ. ①G219. 2

中国版本图书馆 CIP 数据核字（2015）第 081496 号

规制变革：中国媒介融合发展的路径选择研究
徐铁瑛 著

责任编辑 彭伽佳
封面设计 砚祥志远·激光照排 TEL: 010-65976003
出版发行 首都经济贸易大学出版社
地　　址 北京市朝阳区红庙（邮编 100026）
电　　话 （010）65976483 65065761 65071505（传真）
网　　址 http://www. sjmcb. com
E - mail publish@cueb. edu. cn
经　　销 全国新华书店
照　　排 首都经济贸易大学出版社激光照排服务部
印　　刷 北京京华虎彩印刷有限公司
开　　本 880 毫米×1230 毫米 1/32
字　　数 186 千字
印　　张 6. 5
版　　次 2015 年 8 月第 1 版 2015 年 8 月第 1 次印刷
书　　号 ISBN 978 - 7 - 5638 - 2355 - 0/G · 358
定　　价 26. 00 元

图书印装若有质量问题，本社负责调换